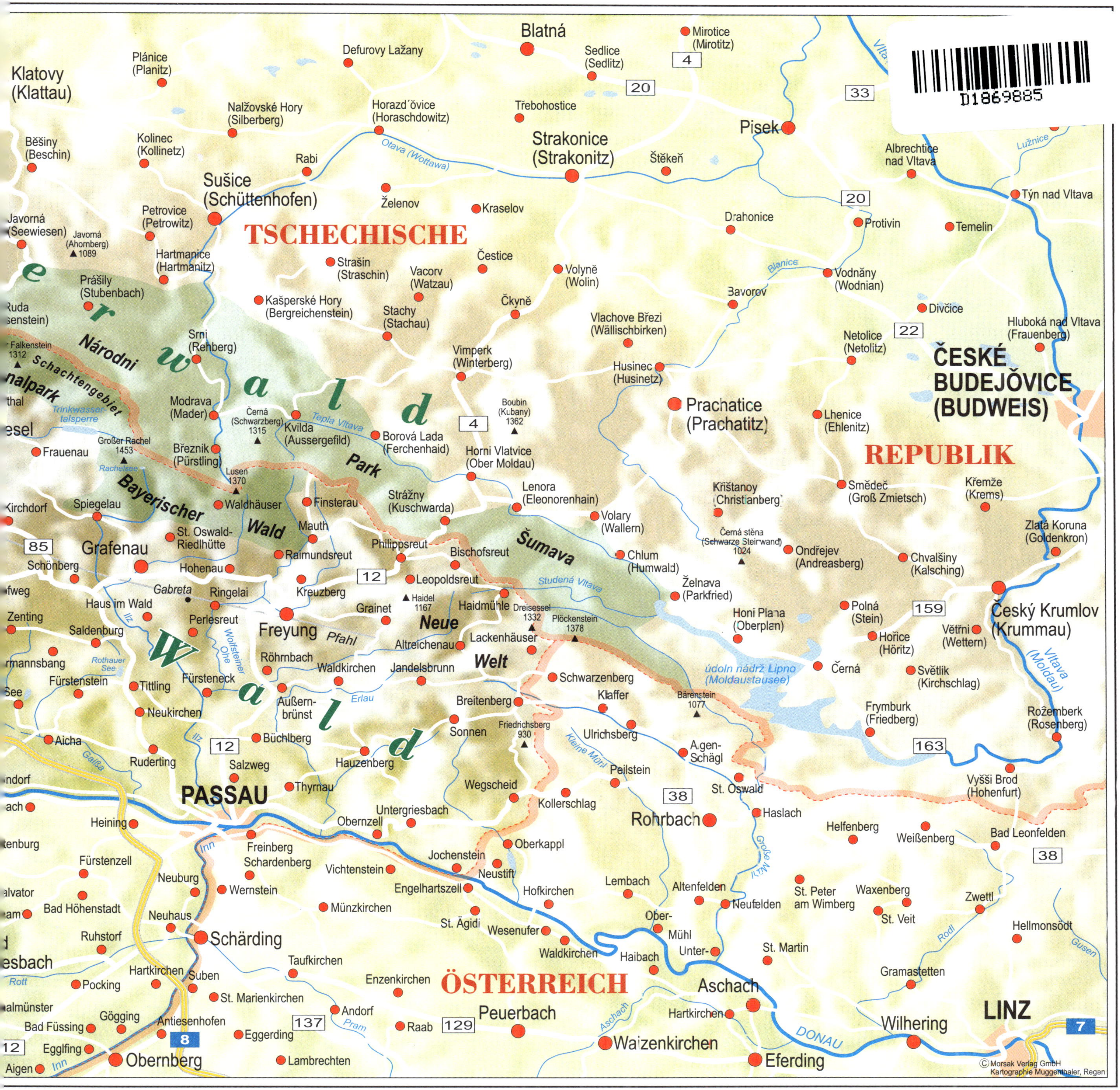
TSCHECHISCHE
REPUBLIK
ÖSTERREICH
Bayerischer Wald
Národní park
Šumava
Neue Welt
Blatná
Defurovy Lažany
Mirotice (Mirotitz)
Sedlice (Sedlitz)
Klatovy (Klattau)
Plánice (Planitz)
Nalžovské Hory (Silberberg)
Horazďovice (Horaschdowitz)
Třebohostice
Strakonice (Strakonitz)
Písek
Běšiny (Beschin)
Kolinec (Kollinetz)
Rabi
Sušice (Schüttenhofen)
Otava (Wottawa)
Štěkeň
Albrechtice nad Vltavou
Týn nad Vltavou
Lužnice
Želenov
Kraselov
Drahonice
Protivín
Temelín
Javorná (Seewiesen)
Javorná (Ahornberg) 1089
Petrovice (Petrowitz)
Hartmanice (Hartmanitz)
Strašin (Straschin)
Vacorv (Watzau)
Čestice
Volyně (Wolin)
Blanice
Vodňany (Wodnian)
Bavorov
Divčice
Prášily (Stubenbach)
Kašperské Hory (Bergreichenstein)
Stachy (Stachau)
Čkyně
Vlachove Březi (Wällischbirken)
Netolice (Netolitz)
Hluboká nad Vltavou (Frauenberg)
ČESKÉ BUDĚJOVICE (BUDWEIS)
Ruda (Rosenstein)
Falkenstein 1312
Schachtengebiet
Srní (Rehberg)
Vimperk (Winterberg)
Husinec (Husinetz)
Prachatice (Prachatitz)
Lhenice (Ehlenitz)
Trinkwassertalsperre
Modrava (Mader)
Černá (Schwarzberg) 1315
Kvilda (Aussergefild)
Tepla Vltava
Borová Lada (Ferchenhaid)
Boubín (Kubany) 1362
Frauenau
Großer Rachel 1453
Rachelsee
Březník (Pürstling)
Lusen 1370
Horní Vltavice (Ober Moldau)
Lenora (Eleonorenhain)
Křištanovy (Christianberg)
Smědeč (Groß Zmietsch)
Křemže (Krems)
Kirchdorf
Spiegelau
Waldhäuser
Finsterau
Strážný (Kuschwarda)
Volary (Wallern)
Černá stěna (Schwarze Steirwand) 1024
Zlatá Koruna (Goldenkron)
St. Oswald-Riedlhütte
Mauth
Philippsreut
Bischofsreut
Chlum (Humwald)
Ondřejev (Andreasberg)
Chvalšiny (Kalsching)
Grafenau
Schönberg
Raimundsreut
Hohenau
Kreuzberg
Leopoldsreut
Studená Vltava
Želnava (Parkfried)
Český Krumlov (Krummau)
Gabreta
Ringelai
Haidel 1167
Haidmühle
Dreisessel 1332
Plöckenstein 1378
Horní Planá (Oberplan)
Polná (Stein)
Větřní (Wettern)
Zenting
Haus im Wald
Perlesreut
Grainet
Freyung
Pfahl
Saldenburg
Ilz
Wolfsteiner Ohe
Altreichenau
Lackenhäuser
Hořice (Höritz)
Rothauer See
Röhrnbach
Waldkirchen
Jandelsbrunn
Schwarzenberg
údolní nádrž Lipno (Moldaustausee)
Černá
Světlík (Kirchschlag)
Fürstenstein
Tittling
Fürsteneck
Außernbrünst
Erlau
Breitenberg
Klaffer
Bärenstein 1077
Frymburk (Friedberg)
Rožmberk (Rosenberg)
Vltava (Moldau)
Neukirchen
Sonnen
Friedrichsberg 930
Ulrichsberg
Aigen-Schlägl
Aicha
Büchlberg
Kleine Mühl
Ruderting
Salzweg
Hauzenberg
Peilstein
Vyšší Brod (Hohenfurt)
Gaißa
PASSAU
Thyrnau
Wegscheid
Kollerschlag
Rohrbach
St. Oswald
Haslach
Heining
Untergriesbach
Obernzell
Helfenberg
Weißenberg
Bad Leonfelden
Inn
Freinberg
Schardenberg
Oberkappl
Jochenstein
Fürstenzell
Vichtenstein
Neustift
Große Mühl
Neuburg
Wernstein
Engelhartszell
Hofkirchen
Lembach
Altenfelden
St. Peter am Wimberg
Waxenberg
Zwettl
Bad Höhenstadt
Neuhaus
Münzkirchen
St. Ägidi
Neufelden
St. Veit
Hellmonsödt
Ober-Mühl
Unter-
Ruhstorf
Schärding
Wesenufer
Waldkirchen
Haibach
St. Martin
Rodl
Gusen
Hartkirchen
Suben
Taufkirchen
Enzenkirchen
Gramastetten
Rott
Pocking
St. Marienkirchen
Aschach
Gögging
Antiesenhofen
Andorf
Pram
Raab
Peuerbach
Hartkirchen
Wilhering
LINZ
Bad Füssing
Eggerding
Waizenkirchen
DONAU
Egglfing
Obernberg
Lambrechten
Eferding
Aigen
20
4
33
22
85
12
159
163
38
137
129
8
7
© Morsak Verlag GmbH
Kartographie Muggenthaler, Regen

Der Bayerische Wald

Linien einer Landschaft

The Bavarian Forest

Lines of a landscape

Hannes Burger

Der Bayerische Wald

Linien einer Landschaft

The Bavarian Forest

Lines of a landscape

morsak
Die Bibliothek des Bayerischen Waldes

Fotos:

Dr. Hans Bibelriether, Thyrnau:	66 o ;
Egon Binder, Grafenau:	62 l, 78 o, 89, 106, 121, 147 oli ;
Michael Breuer, Riedelhütte:	63 m, 63 u;
Burkhart Cording, Passau:	2,21 o, 31, 34, 45, 39 o, 46 o, 66 u, 74 li, 84 u, 92 o, 110 r, 115 ur, 118, 124, 125, 127,129 o, 131, 135, 139 r, 140, 143, 149 li, 155, 156, T v, T h;
Stefan Gruber, Regensburg:	16 o, 76 r, 101 u, 128 o+u, 134;
Ludwig Jilek, Kötzting:	78 u, 139 l,
Ewald Junghans, Salzweg:	79 o, 100 ur, 153;
Christina Krutz, Riedelhütte:	63 o;
Fa. Laschinger, Bischofsmais:	108;
Otto Lendner, Ringelai:	10 u, 18 u, 26, 27, 28, 29 o, 29 l, 32 u, 38, 44 o, 46 r, 47, 48 u, 49 o,52, 53, 54, 55 l, 56, 57, 64, 65 l, 79 u, 88, 91,92u,93, 95 o, 96, 99, 100 lu, 101 o, 102, 107 u, 109, 116 u, 145, 146 r, 160;
Morsak, Grafenau:	11, 40, 87 ru, 97 o, 100, 112, 113 o, 120 o, 124, 138 li;
Karl-Heinz Paulus, Freyung:	1, 12 r, 17 u, 19, 20, 21 u, 23, 37, 39 u, 40 u, 46 lu, 67, 77 u, 82, 84 o, 85 lo, 85 lu, 87 o, 87 lu, 90, 94, 98, 110 l, 111, 114, 115 ul, 126 ol, 128 m, 129 u, 130 o, 138 o, 138 r, 146 l, 149 r, 152;
Rudolf Saller, Regen:	12 o, 13 o, 25, 44 u, 47, 55 r, 60, 61, 62 u, 71, 72, 80, 81, 150;
Toni Scholz, Vornbach:	18 o;
Fa. Schott, Zwiesel:	113 u;
Fa. Sägewerk Schwaiger, Hengersberg:	107 o, 116 o;
Xaver Six, St. Englmar:	8, 11 o, 16 u, 54 u, 62 o, 65 r, 65 u, 69, 70, 126 or, 126 u, 142;
Wilkin Spitta, Mariaposching:	17 o, 22, 29 r, 36, 41 u, 86, 95 u, 120 u, 128, 129, 130, 132, 133 u, 136, 141, 154, 158;
Friedl Thorward, Furth i.W.:	6, 10 o, 12 lu, 13 u, 14, 26, 32, 33, 41 o, 45, 48 o, 49 u, 50, 52 m, 75, 85 ru, 85 o, 115 o, 117;
Sven Zellner, München:	58, 68, 74 r, 76 l, 77 o;

Produktion, Bildauswahl, Bildtexte, Layout: Morsak
Umschlagsgestaltung: Rudolf Klaffenböck, Passau
Übersetzung: Christian Bauer, Passau
Druckbetreuung: SSL, Grafenau

1. Auflage 2003

D-94481 Grafenau
ISBN 3-86512-006-7

Mehr Raum für Neues-
Motto von Knauf AMF in Grafenau

More scope for innovation – the motto of Knauf AMF in Grafenau.

Das Unternehmen identifiziert sich mit der Stadt, die seit jeher Stammsitz und internationale Zentrale beheimatet.

The company identifies itself with the region which is internationally renowned.

Grafenau ist seit 1376 die älteste Stadt im Bayerischen Wald. Sie liegt malerisch eingebettet inmitten einer grünen Hügellandschaft vor Rachel und Lusen, den Grenzbergen zum Böhmerwald mit dem Nationalpark. Historisch hatte Grafenau seine Blütezeit während des mittelalterlichen Salzhandels von Österreich über den Grenzsaum nach Böhmen. Heute nutzt die „Säumerstadt" ihre landschaftlichen Vorzüge für Tourismus. Moderne Industriebetriebe wie Knauf AMF profitieren von der Nähe zu den Ostmärkten und der hohen Lebensqualität mit attraktiven Freizeitangeboten.

Grafenau was founded in 1376 and is the oldest town in the Bavarian forest. It is idyllically situated in the hilly region near to the Rachel and Lusen mountains situated between the Böhmerwald and the Bavarian national park. Historically the importance of Grafenau was at its height during the salt trade between Austria and the Böhmerwald. Today the town is a health resort and a centre for tourism. Modern industrial companies such as Knauf AMF benefit from both the close proximity to eastern markets as well as the high quality of life that the area gives.

AMF

Sowohl Kunden als auch Mitarbeiter schätzen das ansprechende Ambiente und den hohen Freizeitwert der Stadt und der Region

Customers as well as colleagues appreciate the setting and ambience of both town and region.

Angeschmiegt an einen bewaldeten Hang im Grafenauer Elsenthal hat Knauf AMF auf dem Gelände eines früheren veralteten Holzplattenwerkes seinen Betrieb um eine neue Produktionslinie erweitern können. Mit hohen Investitionen entstand hier im Jahr 2004 das größte Werk für Mineralfaserplatten in Europa und eines der modernsten der Welt. Die Erweiterung bringt Knauf AMF nicht nur höhere Kapazitäten, sondern vor allem mehr Raum für Innovationen in immer kürzerem Zyklus. Bei der Produktpalette ist Knauf AMF spezialisiert auf höherwertige funktionale Deckenprogramme für Sicherheit, Komfort, Lifestyle und Medientechnik.

Nestling against a wooded slope in the village of Elsenthal, Knauf AMF has been able to expand its production line by taking over an old timber works. Aided by substantial investments the largest mineral tile plant in Europe - and one of the most modern in the world - was created in 2004. The expansion not only provides much greater capacity but more importantly offers more scope for innovation within increasingly shorter product cycles. The AMF product range embraces high standards and performance systems for Safety, Comfort, Lifestyle and Hightech.

Die neu entstandenen Fertigungskapazitäten gelten als die modernsten der Welt.

The new finishing lines are among the most modern in the world.

Ein modernes, eigenes Logistikzentrum verbindet den Stammsitz Elsenthal mit dem Rest der Welt.

A state-of-the-art logistics centre links the Elsenthal headquarters with the rest of the world.

Eine absolut umweltfreundliche Produktion ist ein Grundprinzip von Knauf AMF.

The core principle for AMF is totally eco-friendly manufacturing.

Mittelfristig plant Knauf AMF den Ausbau des Standorts zu einem modernen Kompetenzzentrum.

Expansion plans for the Knauf AMF plant are in place.

Für Tradition und Fortschritt ist Bayern berühmt. Der Slogan kennzeichnet auch die AMF, das hochmoderne Werk für Mineralfaserplatten der Knauf Group in Grafenau. Es beschäftigt rund 250 zuverlässige und kreative Mitarbeiter im Bayerischen Wald mit Repräsentanten in über 30 Ländern. AMF-Funktionsdecken gehen von hier mit 80 Prozent Exportanteil in über 60 Länder. Der braune Bär hat heute im Nationalpark seine alte Waldheimat wieder. Der weiße Bär im Logo AMF steht für höchste Qualität im modernen Trockenbau.

Bavaria is renowned for both tradition and innovation. This phrase embodies the state-of-the-art AMF mineral plant of the Knauf group in Grafenau. The company has around 250 employees in Bavaria and is represented in more than 30 countries worldwide. AMF ceiling products are sold in over 60 countries, with exports accounting for 80% of total sales. The brown bear has returned to its home in the Bavarian national park, while the white bear of the AMF Logo represents the highest quality standards in modern dry construction.

Inhalt

„Old Times - New Times" in the Bavarian Forest

From a depressed area of Germany to one of Europe's future regions

Over the years the Bavarian Forest has received plenty of artistic and literary praise. There have been serious studies of life in the border hills; works of admiration for its nature, landscape and people; presentations of its monuments and treasures; as well as accounts of early life, work and traditions. There are also plenty of romantic accounts of the „good old days" and the times when life was simple and modest this can be seen particularly in local poetry.

Of course there were also times of hardship in the seclusion of the forest mountains. The strenuous manual labour, the extreme poverty, the long winter isolation in snowed-in villages far away from civilisation and comfort. These times were so „good" that for centuries, and still today, a large percentage of the population has moved elsewhere or even emigrated. It was a time that nobody would want to live through again, even those who talk about it in a nostalgic way.

The images of the past have left a lasting impression on the Bavarian Forest. A beautiful landscape, isolated from civilisation, politically disadvantaged, economically and culturally underdeveloped.

If you are from the Bavarian Forest you are seldom admired or envied because of your beautiful homeland. Instead people feel sorry for you and are likely to make fun of you. Many books about the Bavarian Forest or marketing materials for its holiday resorts fail to present the contemporary reality - the culture, economic and social situation today.

Therefore it is unusual and difficult but very important to convey a contemporary image of the Bavarian Forest. Its changed economy and cultural conditions, modern tourism and the present quality of life.

Modern times have brought new qualities to the Bavarian Forest. The traffic network has improved and there are now numerous modern secondary schools and centres for business and culture. They have developed on the edge of the main cities along the Danube, which is also where industry and manufacturing are based. This and the modern way of living in a holiday region with a down-to-earth quality of life and a culture all of its own is what many businesses look for. They describe them as „soft (non-measurable) location factors".

The complete picture is not only important for the inhabitants of the region but also for tourists. It is important that visitors are aware of the region in its former days and the conditions of life, business and culture back then. The results of the past are important for the future of this land and region and for its perspectives for the future.

This book is intended to present the Bavarian Forest and its people of yesterday and today as realistically as possible. It tries to show the great common lines of this landscape: the climate and geography, the hard times and the changes that the Second World War has caused. From the falling of the „Iron Curtain" to the enlargement of the European Union. Europe's scars of being divided for nearly a half a century are healing visibly in the Bavarian Forest.

Hannes Burger Sonndorf 2003

„Alte Zeiten - neue Zeiten“

Vom deutschen Notstandsgebiet zu einer Zukunftsregion Europas

Malerische literarische Liebeserklärungen und schwärmerische Lobeshymnen gibt es schon genug über den Bayerischen Wald. Das reicht von ernsthaften Beschreibungen des Lebens in den Grenzbergen und von bildhafter Bewunderung für die Natur, die Landschaft und die davon geprägten Menschen bis zu den Darstellungen der sehenswerten alten Denkmäler und der Kunstschätze sowie den interessanten Zeugnissen von früherem Wohnen, Wirtschaften und altem Brauchtum. Romantische Heimattümelei mit schwulstiger Blut- und Boden-Romantik und manch unkritische Verklärung der angeblich so „guten alten Zeit“ und des so einfachen bescheidenen Lebens fehlen - vor allem in malerischen Mundartgedichten - auch nicht.

Das waren freilich Zeiten von vielen Entbehrungen in der Abgeschiedenheit des Waldgebirges, von harter körperlicher Arbeit, bitterer Armut, langer Winterisolation in eingeschneiten Dörfern und großem Abstand zu den Orten der Kultur und den Bequemlichkeiten der Zivilisation. Diese Zeiten waren so „schön“, dass seit Jahrhunderten bis heute ein großer Teil der Bevölkerung wieder abgewandert oder gleich ausgewandert ist. Jedenfalls waren es Zeiten, wie sie von denen, die ihnen nostalgisch nachtrauern, heute niemand selbst noch erleben möchte und nicht erlebt hat.

Diese Vorstellungen vergangener Zeiten prägen heute immer noch weithin das Bild vom Bayerischen Wald: Eine schöne Landschaft abseits der Zivilisation, politisch benachteiligt, wirtschaftlich zurückgeblieben und kulturell unterentwickelt.

Wenn man aus dem Bayerischen Wald kommt, erntet man selten Bewunderung und Neid wegen seiner schönen Heimat, sondern meist eher mitleidigen oder abschätzigen Spott. In vielen Büchern über den Bayerischen Wald und ebenso in der Selbstdarstellung mancher Urlaubsorte wird die heutigen Realität im kulturellen, wirtschaftlichen und sozialen Leben der Städte und Gemeinden der Region auch gar nicht wiedergegeben.

Es ist deshalb ungewohnt und schwer aber wichtig, ein zeitgemäßes Bild und Verständnis des Bayerischen Waldes zu vermitteln: Veränderte wirtschaftliche und kulturelle Standort-Bedingungen, moderne touristische Angebote und die heutige Lebensqualität in dieser Landschaft abseits der Ballungsräume.

Die neuen Zeiten haben andere Qualitäten in den Bayerischen Wald gebracht und ihn verändert. Dazu gehören vielfältige moderne Schulen und soziale Einrichtungen, eine gute, wenn auch zu verbessernde Verkehrsanbindung, Hochschulen und Zentren für Wirtschaft und Kultur in den großen dem Wald vorgelagerten Donaustädten sowie Industrie- und Gewerbebetriebe. Dies und moderne Wohn- und Freizeitangebote, sowie eine hohe naturnahe Lebensqualität in dieser Ferienregion mit viel eigener Kulturleistung entsprechen heute weithin dem, was auch Unternehmen gern suchen: Sie nennen es dann „weiche Standortfaktoren“ in einer zukunftsträchtigen schönen Landschaft.

Der vorliegende Bildband ruft also nicht nur die für das Heimatbewusstsein wie für den Fremdenverkehr wichtigen alten Zeiten und Zeugnisse des Lebens, Wirtschaftens und der Kultur des Bayerischen Waldes in Erinnerung sondern er zeigt vor allem auch die neuen Zeiten und Bedingungen der Landkreise dieser Region und ihre Perspektiven für die Zukunft auf.

Den Bayerischen Wald und seine Menschen gestern und heute will er möglichst realistisch darstellen und die großen gemeinsamen Linien dieser Landschaft bewußt machen: Klimatische und geographische Bedingungen, die späte historische Erschließung und Entwicklung aus entbehrungsreichen alten Zeiten, die großen Veränderungen seit dem Zweiten Weltkrieg und aktuell durch die völlige Überwindung des „Eisernen Vorhangs“ zu einer offenen Binnengrenze in der Europäischen Gemeinschaft. Im Bayerischen Wald wachsen die Narben des fast ein halbes Jahrhundert geteilten Europas sichtbar wieder zusammen.

Hannes Burger — Sonndorf 2003

Das größte Waldgebiet Europas

Die späte Entwicklung des Bayerischen Waldes hat auch Vorteile

Die späte Erschließung, Besiedelung und wirtschaftliche Entwicklung im „Bayerischen Wald" zwischen der Donau und dem tschechischen Teil des Böhmerwaldmassivs bewahrte Natur und Landschaft weithin lange vor Zerstörung, führte aber in den letzten 40 Jahren zu einem rasanten sozialen Umbruch. Das ehemalige Notstandsgebiet und abgelegene ostbayerische Grenzland am „Eisernen Vorhang" entwickelt sich heute weiter als grünes Dach Europas und Bayerns Tor zum Osten.

Wo steht er denn der „Bayerische Wald"? Es ist ja nicht selbstverständlich, dass man das weiß. In Österreich haben viele zu mir gesagt „Ja, da war ich auch schon" und meinten den Schwarzwald. In Deutschlands Westen und Norden haben mir oft Leute bestätigt: „Ja, ja, den Wald kennen wir schon!" Sie hatten nur im Kopf bayerisch klein geschrieben wie für jedes beliebige Wald- und Forstgebiet in Bayern. Viel weiß man in Deutschland und Europa, ja sogar im übrigen Bayern nicht darüber, was die Region „Bayerischer Wald" ist, wo sie genau liegt und was sie ausmacht.

Der heutige Begriff „Bayerischer Wald" ist erst seit Ende des Ersten Weltkrieges und der Gründung der Republik Tschechoslowakei die Bezeichnung für eine konkret umrissene Region im Osten Bayerns und nördlich der Donau: nämlich für die bayerische Seite des Böhmerwaldes, wie das alte Mittelgebirgs-Massiv insgesamt bis dahin hieß. Seither wird in Anlehnung an den Böhmerwald auch die Kurzform „Bayerwald" gebraucht.

Mit der Öffnung des Eisernen Vorhangs 1990 und dem Beitritt Tschechiens zur Europäischen Union 2004 ist die Grenze wieder so durchlässig wie bis 1918 in den Zeiten des Königreichs Bayern und der Habsburger k.u.k-Donaumonarchie. Der Bayerische Wald gehört zu Europas größtem zusammenhängenden Waldgebiet

Auf dem Kamm des Ossers; die weiß-blauen Stangen kennzeichnen den Grenzverlauf zwischen Deutschland und Tschechien (oben)
Anwesen in typischer Holzbauweise, versunken in Schnee (unten)

Along the Osser-Zwercheck Ridge; white and blue posts mark the border between Germany and the Czech Republic (top)

A typical farmhouse in the winter (bottom)

- auch „Das grüne Dach Europas" genannt - das heute politisch wieder offen ist und zu einer wirtschaftlichen Zukunftsregion wird.

Der Bayerische Wald umfasst im Bezirk Niederbayern die Landkreise Freyung-Grafenau und Regen ganz, die Landkreise Straubing, Deggendorf und Passau teilweise, nämlich im Vorwald. Im Bezirk Oberpfalz ist der Landkreis Cham fast gänzlich dem Bayerischen Wald zuzurechnen. Sein östlicher Teil, der Altlandkreis Kötzting, gehörte bis 1972 zu Niederbayern.

Nördlich der „Cham-Further Senke", einem schmalen Tal, durch das die Chamb fließt, beginnt der „Oberpfälzer Wald", der zwar niedrigere Höhenzüge aufweist, aber von der Landschaft und wirtschaftlichen Struktur her viel Ähnlichkeit mit dem Bayerischen hat.

Durch diese „Völkerpforte" dazwischen fanden in vor- und frühgeschichtlicher Zeit bereits erste Kontakte zwischen Gruppen von Kelten, Bayern und Slawen statt. Auch später blühte hier der Handel zwischen Bayern und Böhmen, aber dieses leicht zu durchquerende Tal an der Grenze wurde durch die ganze Geschichte auch von zahlreichen Überfällen und durchziehenden Heeren heimgesucht.

Der Bayerische Wald ist im Osten klar abgegrenzt: vom südlichen Böhmerwald in Tschechien und vom ebenfalls wald- und wasserreichen Mühlviertel im Nordwesten Oberösterreichs. Das ehemalige Grenzland auf der österreichischen und tschechischen Seite gehört geographisch sowieso mit dem bayerischen zusammen. Es gab dort wegen der langen politischen wie wirtschaftlichen Randlage - unabhängig von den jeweiligen politischen Systemen - auch auf allen Seiten vergleichbare Strukturprobleme. Heute wird in den sogenannten Euregios - „Bayerischer Wald-Böhmerwald" im Süden und „Egrensis" im Norden - versucht, diese Probleme innerhalb der Europäischen Union weithin gemeinsam zu bewältigen.

Die Grenze zu Tschechien bildet ein langer bewaldeter Mittelgebirgs-Höhenzug mit den zwischen ca. 1200 und 1500 Metern hohen Gipfeln Osser, Kleiner und Großer Arber, Falkenstein, Rachel und Lusen. Beiderseits eines großen Teils der Grenzberge liegen Rücken an Rücken aneinander gelehnt die beiden Nationalparke „Bayerischer Wald" und „Sumava". Die höchsten mit einem langen Hochkamm verbundenen Gipfel im Südosten, der Dreisesselberg und der Plöckenstein, bilden zugleich die Grenze zu Oberösterreich im „Dreiländer-Eck".

An welcher geographischen Linie beginnt und endet diese Region jedoch im Süden und Westen? Das ist weit weniger eindeutig, weil schwieriger abzugrenzen.Der Auwald linksseitig der Donau zwischen Regensburg, Gäuboden und Passau geht mehr oder weniger fließend in das Waldgebirge über. Zwischen der Donau und dem Tal des Regen erreichen nur bei Deggendorf die Berge über 1000 m. Erst weiter hinten liegen die Grenzkämme des Nordwaldes, der nach seinen höchsten Gipfeln in Bayern in sanften Wellen nach Böhmen hinein abfällt. Auf beiden Seiten des Gebirges wechseln die Klimazonen von kalten, niederschlagsreichen Grenzkämmen hinab in die zunehmend wärmeren und fruchtbareren Tallagen: hier der Donau zu - dort entlang der Moldau.

Manche zählen zum Bayerischen Wald fast alle Gemeinden nördlich der Donau, aber viele von deren

Bewohnern fühlen sich durchaus noch nicht zugehörig. Wenn man heute von der Donau weg die Einwohner fragt: „Wo ist hier der Bayerische Wald?", dann deuten fast alle in Richtung Grenzberge nach Osten und sagen: „Da hinten drin!" Wo sich nach der Donauebene die ersten großen Hügel erheben, spricht man vom Vorwald, danach vom Mittleren Wald und nahe der Grenze vom nneren oder Hinteren Wald. Letzteres mögen aber die Bayerwäldler nicht gern, weil sich „Hinterer Wald" so negativ anhört wie „hinter dem Mond". Auch der Begriff „Hinterwäldler" ist schließlich immer nur abwertend und beleidigend gemeint - vor allem von Leuten, die noch nie hier waren.

Bayerisch sind ja viele unterschiedliche Wälder und Forste im Freistaat: von den Bergwäldern im Alpenland über die vielen Wirtschafts-Forste im Flachland und dies in Oberbayern, der Oberpfalz, in Schwaben und den drei nördlichen Bezirken in Franken.

Was also soll an der Region „Bayerischer Wald" anders sein und was das Besondere, das diese Gegend und ihre Bewohner kennzeichnet oder auszeichnet? Ist es die Geschichte, die Landschaft, die Wirtschaft und Kultur? Oder ist es der Wald selbst, der nicht nur optisch, sondern auch emotional alles und alle hier prägt?

Ein Wald, wie ihn die in ihrer Heimat verkannte, wie so viele „ins Amerika" ausgewanderte und dort zuletzt dann in Armut verkommene Volksdichterin Emerenz Meier aus dem Dorf Schiefweg bei Waldkirchen in ihren Briefen und Gedichten so einfühlsam beschrieb?

Eine durchgehende thematische Linie dieser Region ist in der Tat der Wald selbst. Seine Vielfalt reicht vom Urwald und den der Natur als „Urwälder" zurückgegebenen Resten schöner alter Baumbestände über die Auwälder entlang der Flüsse und Bäche bis zu den weit überwiegenden privaten oder staatlichen Wirtschaftswäldern. Hinzu kommen seit 1970 die heute 24 250 Hektar Nationalpark, dessen Wälder ohne wirtschaftliche Nutzung bleiben - abgesehen vom touristischen Nutzen im Vorfeld.

Auf dem Felsgestein aus Granit, Gneis und Quarz dieses ältesten Mittelgebirges Europas prägt seit Ende der letzten Eiszeit hier der Wald das Klima und die Landschaft. Er erscheint einmal undurchdringlich und dunkel,

Abendstimmung am Pröller: Blick nach Norden, links der Arber, rechts der Rachel (Seite 8)

Blick vom Klausenstein (1.048 m) über den Rauhen Kulm (1.050 m) nach Osten auf den Dreitannenriegel (1.092 m) und den Breitenauriegel (1.114 m) (oben)

View from Mt. Pröller to the north, Mt. Arber on the left, Mt. Rachel on the right (previous page)

View from Mt. Klausenstein (1.048 m) across Mt. Rauher Kulm (1.050 m) to the east to Mt. Dreitannenriegel (1.092 m) and Mt. Breitenauriegel (1.114 m) (top)

Das wohl am häufigsten fotografierte Bauernhaus des Bayerischen Waldes steht in Waldhäuser am Hange des Lusen (links)

This often depicted old farmhouse stands in Waldhäuser at the slope of Mt. Lusen (left)

geheimnisvoll und unheimlich, ja sogar abschreckend; ein andermal wirkt er beschützend und beruhigend, ernährend, erbauend und tröstend. Er prägt auch die Bewohner dieser Landschaft, Bayerwäldler oder „Waidler" genannt, vom historischen Wirtschaften mit Holz her wie in ihrer heutigen Mentalität.

Neben dem Wald - und in Abhängigkeit von diesem - wird die Region in einer weiteren durchgehenden Linie vom Wasser geprägt: vor allem von zahllosen Fließgewässern wie Quellen, Rinnsalen, Bächlein, Wildbächen und kleinen Flüssen, dazu von einigen klaren Bergseen und vielen künstlich angelegten Stauweihern oder Klausen und Stauseen mit ihren dazugehörigen alten Triftkanälen. Sie alle machen aus dem Bayerischen Wald auch eine liebliche, von bunten Sträuchern und Stauden bewachsene Bachlandschaft.

Auf diesen tausenderlei Wegen fließt das Wasser von den bewaldeten Grenzbergen, Höhenrücken und sanften Hügeln, die lange Schnee und Wasser zurückhalten und es nur ganz langsam abgeben, durch die Flusstäler des Regen, der Ilz und der Erlau nach Süden, Südosten und Südwesten zur Donau hin und mit ihr ins Schwarze Meer. Nur ein kleines Gebiet wird östlich von der europäischen Wasserscheide bei Philippsreut entwässert: vom bayerischen Quellgebiet der kalten Moldau um Haidmühle fließt das Wasser nach Osten und Norden über die Moldau zur Elbe und mit dieser dann in die Nordsee.

Der Bayerische Wald umfasst auf seinen verschiedenen Höhenlagen unterschiedliche Klimazonen. Darum erlebt man hier alle Jahreszeiten und Wetterlagen nach wenigen Kilometern wieder anders und insgesamt viel intensiver. Wie sollte man da über die ganze Waldregion nur sachlich informativ, ganz ohne eigene Emotionen schreiben können? Selbstverständlich steckt ja dieser Wald mit seiner Urmächtigkeit, seinem Mythos und allen seinen guten und bösen Feen, Gnomen und Geistern - bewusst oder unbewusst - tief drin in den Gefühlen aller, die hier seit vielen Generationen nicht nur im Wald, sondern auch vom Wald leben.

Wer den Bayerischen Wald erwandert und ihn in unterschiedlichen Jahreszeiten oder Wetterlagen erlebt hat, entwickelt aus seinen persönlichen Eindrücken heraus Gefühle - sei es Sentimentalität oder echte Liebe zu

Blick vom Großen Arber (1.456 m) über den Kleinen Arbersee und Schwarzeck auf den etwa 19 km entfernten Hohen Bogen (1.079 m) (oben)
Das Osserschutzhaus (1293 m) ist im Winter fast vollkommen eingeschneit (unten)

View from Mt. Großer Arber (1.456 m) across Lake Kleiner Arber and Mt. Schwarzeck to Mt. Hoher Bogen (1.079 m) approx. 19 km away. (top)
The hut on Mt. Osser (1293m) under snow (bottom)

Die Ilz, wegen ihres moorhaltigen Wassers auch die „schwarze Perle" genannt, bei Ellersdorf im Winter (unten)

The river Ilz in Ellersdorf in the winter (bottom right)

dieser relativ intakten Landschaft. Bei manchen erwachsen aber auch Ressentiments - wegen des deutlichen Unterschieds zum großstädtischen Leben: weil sie die Ruhe im Wald oder die Stille an einem leise dahin plätschernden Bach nicht aushalten und den lauten Rummel wie die gewohnte Hektik der Stadt vermissen. Die sagen dann, es fehlten ihnen die Oper und die Philharmoniker.

In Wirklichkeit gibt es heute im Bayerischen Wald viele Angebote an Kunst und Kultur - nicht nur in alten Kirchen und Schlössern, nicht nur in Museen und Bauerntheatern, sondern auch viel zeitgenössische Kultur und vor allem selbst aktiv produzierte anstelle nur konsumierter Kultur.

Bei anderen entsteht ein Gefühl der Sympathie für die Menschen der Region und aus der Kenntnis über deren Geschichte wächst auch ein besseres Verständnis - oft sogar stiller Neid auf diese schöne Heimat, in der man scheinbar das ganze Jahr in Urlaub ist.

Gefühle aller Art sollen nicht spöttisch belächelt, aber auch nicht verklärt und von der alltäglichen Lebensrealität der Menschen im Bayerischen Wald abgesondert werden.

„So schwarz wie sonst keiner" nannte den Bayerischen Wald der kaum von jemandem gelesene, aber umso öfter in Prospekten und Vernissagen strapazierte Regensburger Dichter Georg Britting (1891 - 1964). Das Waldgebiet um die Grenzberge besteht in den tieferen und mittleren Lagen meist aus großen Flächen der klassischen Mischung von viel Fichte und wenig Tanne, durchmischt mit Buche, Ahorn und Eberesche (Vogelbeere); in den Hochlagen dagegen überwiegen die dunkelgrüne Bergfichte und Latschenkiefer. Deshalb kann der Wald hier schon oft recht schwarz erscheinen. Zum einen hebt er sich im Sommer im Kontrast zu Wiesen, Äckern und Siedlungen dunkel ab. Und zum anderen lässt ihn dann im Winter, wenn Rauhreif, Eis und Schnee von den Zweigen der Bäume abgeschmolzen sind, auch der Kontrast zu den weiten Schneedecken auf den Wiesen geradezu schwarz aussehen.

Die Attraktion des Bayerischen Waldes als Heimat für seine Bewohner und als schönes Ferienland für seine Besucher ist aber nicht der außen dunkle und innen finstere Wald, sondern vielmehr die abwechslungsreich gemischte Kulturlandschaft aus sanften Hügeln und mittelhohen Bergen mit kühlen Wäldern, aus sonnigen grünen Wiesen und Weiden mit strauchbewachsenen

Obstanbau bei Lalling (oben)
Vom Osser über Lohberg zum Arber (unten)

Fruit growing in Lalling (top)
From Mt. Osser across Lohberg to Mt. Arber (bottom)

Fluss-und Bachläufen dazwischen und bewirtschafteten Feldern rings um die Dörfer und kleinen Städte. Eine „unberührte Natur" gibt es nur noch in der Werbung, aber immerhin kleine Reste von fast ursprünglichem „Urwald", vorwiegend in den früher schwer zugänglichen Teilen des Nationalparks.

Je weiter man von den Grenzbergen aus nach Süden und Osten in den Vorwald mit seinen sanften Hügeln kommt, desto lieblicher wird die Landschaft, dichter besiedelt und in ihrer Struktur differenzierter. Im Inneren Wald hat der Ackerbau auf den rauhen Höhen nie eine Chance gehabt und in manchen Zeiten kaum für die reine Selbstversorgung gereicht. Im Mittleren Wald, wo auch heute der Ackerbau wieder unrentabel geworden ist, herrschen die Grünlandbetriebe mit Milchvieh und gelegentlichem Anbau von Futtermitteln vor.

Dagegen ist im Vorderen Wald wegen des milderen Klimas neben der Viehhaltung auch immer schon vielfältiger Ackerbau möglich. Das Land ist im Vorwald zum Donautal hin öfter von Äckern durchbrochen, dichter besiedelt und das Landschaftsbild folglich bunter.

Die wirtschaftlichen Nachteile der langen Grenzland-Situation, die Revierferne und die auch in vielen anderen Bereichen verspätete Entwicklung im Vergleich zu den zentralen Wirtschaftsräumen im übrigen Bayern haben zugleich auch Vorteile mit sich gebracht, nur keine materiellen: hier im Inneren Wald ist die Besiedelung dünner, der Siedlungsdruck daher schwächer, Bauland oder Wohnraum sind billiger und für die stark auf das Milchvieh beschränkte Bewirtschaftung muss auch nicht die Landschaft so großräumig maschinengerecht ausgeholzt werden wie im Flachland. Darum ist die Natur hier weit weniger zubetoniert als anderswo. Der späte Umbruch von alten auf die neuen Zeiten kennzeichnet ebenso die politische und wirtschaftliche Entwicklung der Region, die heute in vieler Hinsicht ein Umdenken erfordert.

Was verbinden wohl die meisten Deutschen spontan mit dem Bayerischen Wald, falls er ihnen überhaupt als konkrete Region ein Begriff ist? Nähe zur Böhmerwaldgrenze, auch Arber-Skigebiet, Skilanglauf-Loipen, Nationalpark mit Wölfen, Luchsen und Hirschen, Holzhauer und -schnitzer, alte Sägewerke, Glashütten und Glasmacher, Bayerwald-Granit und Steinhauer, Köhler, Kleinbauern, altes Handwerk, religiöses und bäuerliches Brauchtum, Rückständigkeit und hohe Arbeitslosigkeit, Armut, romantische Natur und schöne Landschaft, urige, aber hinterwäldlerische, Bevölkerung, fromm, heimattreu und anspruchslos, etwas stiller und bescheidener als sonstwo im Land der weißblauen Kraftlackl - und dergleichen mehr. Wem das alles einfällt, der weiß schon viel, aber halt leider nichts Neues von heute.

Sicher ist da viel historisch Wahres dabei, aber das Gesamtbild prägen noch immer längst überholte Klischees. In den Köpfen vieler Deutscher und auch Bayern sitzt eben noch die Erinnerung an Begriffe aus alten Zeiten, die freilich auch nach dem Zweiten Weltkrieg bis Ende der Sechziger Jahre noch großteils Gültigkeit hatten. Nur Stichworte: Eiserner Vorhang, Notstandsgebiet und Grenzlandhilfe, Armenhaus Deutschlands, Revier- und Kulturferne, strukturschwache Region, Ende der westlichen Zivilisation, Arbeitslosigkeit, fromme Weltfremdheit, unrentable Landwirtschaft, geduldige Obrigkeitsgläubigkeit der Alten, für die Jungen Mangel an höheren Schulen und Bildungs-Einrichtungen, aber dafür mehr Kinderreichtum und aussterbende Dörfer wegen ständiger Abwanderung der Jugend.

Die Bayerwäldler selbst, genauer ihre Politiker haben durch jahrzehntelanges Jammern bei Bund und Land um Förderungen des Staates dieses Image von Unterentwicklung und Armut verstärkt - zum Teil mit finanziellem Erfolg bei Zuschüssen. Für den Tourismus war das aber eher schädlich: Wer will schon in einem „Armenhaus" Urlaub machen, nur um einem Notstandsgebiet zu helfen? Auch jahrzehntelange Tourismus-Werbung mit „Ruhe und Stille in unberührter Natur" war für die abenteuersüchtige jüngere Generation und unternehmungslustige Urlauber nicht gerade ein starker Anreiz. Wer in der Stadt weithin anonym in seiner Hochhauswohnung lebt, sucht im Urlaub organisierte Kontakte.

Auch viele Journalisten kannten lange Zeit den Bayerischen Wald nur von alten Fotos und vielen schaurigen Erzählungen über das Opferleben eines Landarztes oder über das einsame Dahinwelken einer Heilkräuter sammelnden Försterliesel am Waldesrand.

Morgenstimmung am Osser (Seite 14)

Sunrise at Mt. Osser. (Page 14)

Am Arber (1456m) existiert ein Winterskizentrum mit Schlepp-liften, Gondeln und Sesselbahnen zu Skipisten aller Schwierigkeitsgrade; von Zwergerlpisten bis Worldcup Abfahrten und Langlauf Loipen findet jeder Skifahrer das passende (links)

Ski lift at Mt. Arber (left)

Das alte Forsthaus in Ödwies am Nordhang des Hirschenstein (unten)

The old forester's house in „Ödwies" at the slope of Mt. Hirschenstein (bottom)

Das hatte zur Folge, dass bis heute das Image als Billig-Urlaubsland ohne modernen Komfort, ohne Kultur und unterhaltsame Veranstaltungen vorherrscht. Die Geister, die man rief, die wird man nur sehr schwer wieder los. Darunter leidet die Werbung - für den Tourismus ebenso wie die für den Wirtschafts-Standort. Viele moderne Hotelbetriebe und gemütliche Landgasthöfe mit guter Küche und freundlichem Service kämpfen heute mühsam dagegen an.

Gescheite, bestens ausgebildete Mitarbeiter moderner, oft global operierender Hightech-Firmen aus dem Bayerischen Wald müssen sich auf Messen oder Kongressen oft noch von Kollegen aus deutschen Großstädten mit herablassendem oder mitleidigem Spott fragen lassen, ob sie „da hinten im Wald" immer noch mit Hammerschmieden arbeiten.

Solche alten Vorstellungen machten es bis in die Siebziger Jahre hinein schwierig, Lehrer, andere Beamte und Richter ohne Zwang „in den Wald" zu versetzen, für Krankenhäuser und Praxen gute Ärzte und Fachärzte zu finden oder für Industriebetriebe Manager und Ingenieure zu fischen. Viele von ihnen, noch mehr ihre Frauen, fürchteten, dass hier höhere Schulen für die Kinder fehlen, die medizinische Versorgung durch veralterte Krankenhäuser und rückständige Landärzte unzureichend und riskant ist sowie nur eine schlechte Verkehrsanbindung an Großstädte

besteht. Sie erwarteten keine Sporteinrichtungen, kein Modehaus und keine Boutique, keinen Blumenladen, keinen Kosmetiksalon, kein Hallenbad, Theater und Kino, ja nicht einmal ein besseres Restaurant zum Ausgehen oder Tanzen. Doch wenn sie einmal hier angekommen waren, gingen und gehen sie nur noch ungern wieder weg.

Die Region hat vieles aufgeholt, ist in manchem sogar vorne. Aber sie hat auch wieder neue Probleme, weil die stärkere Förderung für den EU-Neuling Tschechien leicht eine Sogwirkung für Betriebe über die Grenze auslösen kann.

Wenn die Bundesregierung für Bayerns Grenzland alle Förderungen streicht, aber die EU auf der tschechischen Seite für Investitionen 50 Prozent Zuschuss zahlt, zuzüglich Prämien für jeden Arbeitsplatz, dann wird sich mancher neue Investor 10 Kilometer jenseits der Grenze ansiedeln und sogar alte Betriebe werden verleitet, Erweiterungen dort hinüber zu verlagern. Mit einer solchen Politik kann man 50 Jahre Aufbauarbeit in kurzer Zeit wieder zerstören.

Der Umschwung kam in den abgelegeneren Teilen des Bayerischen Waldes zuerst durch Motorisierung und Straßenbau einerseits - weil es Pendeln zur Arbeit in Ballungsräume möglich machte - und das auch im Winter. Andererseits brachte auch der Ausbau des höheren Schulwesens viel in Bewegung. Dann erst kamen die Grenzlandhilfen und strukturpolitischen Förderprogramme für die Wirtschaft allmählich zur Wirkung. Aber vor allem half die Entwicklung des Tourismus. Fast alle Investitionen für modernere Hotels, Restaurants, Lifte und Loipen, Hallenbäder, Tennishallen oder Golfplätze, Museen und dergleichen hoben ganz nebenbei auch die Lebensqualität der Einheimischen mit an.

Die „neuen Zeiten" im Bayerischen Wald, die zu der heutigen Realität führen, beginnen - je nach Landkreis - großteils erst in den Sechziger- und Siebzigerjahren des 20. Jahrhunderts mit den genannten Maßnahmen der Verkehrserschließung, Bildungspolitik und regionalen Strukturpolitik mit staatlicher Förderung für Wirtschaft und Tourismus.

Dabei gab es allerdings auch einige Phasen des Umdenkens und Abgehens von falschen Konzepten und Illusionen - wie halt überall. Eine davon war,

Das Rosenberger Gut in Lackenhäuser am Fuße des Plöckenstein wo der Dichter und Maler Adalbert Stifter (1805 - 1868) oft zu Gast war

Gedenktafel für Adalbert Stifter am Rosenberger Gut (unten)

„Waldwoge steht hinter Waldwoge bis eine die letzte ist und den Horizont schneidet"

Adalbert Stifter

„One belt of trees follows the other, until finally one finds oneself at the horizon"

Adalbert Stifter

The Rosenberger Estate in Lackenhäuser at the foot of Mt. Plöckenstein. Adalbert Stifter (1805 - 1868), the famous Austrian novelist and painter, stayed here several times (top)

Commemorative plaque for Adalbert Stifter at the Rosenberger Estate (bottom)

Passau, Museum of Modern Art - Wörlen Foundation. Architect Hanns Egon Wörlen (at the lectern), the son of the painter and graphic artist Georg Philipp Wörlen, converted a run-down house into a museum. It was opened 1990 and approx. 12 exhibitions of temporary art are shown every year (top left)

Museum Moderner Kunst - Stiftung Wörlen. Der Architekt Hanns Egon Wörlen (im Bild rechts), der Sohn des Malers und Graphikers Georg Philipp Wörlen, eröffnet eine Ausstellung. Er wandelte in Passau am Ufer der Donau ein heruntergekommenes Gebäude in das 1990 eröffnetes Museum um, in dem im Jahr durchschnittlich 12 Ausstellungen gezeigt werden (oben)

St. Gunther (955-1045) hat sich um die Besiedelung und Kolonisierung des Waldgebirges große Verdienste erworben. Er ist Begründer des Klosters von Rinchnach (links) St. Gunther, 955 - 1045, imade an important contribution to the cultivation of the Bavarian Forest and he founded the monastery of Rinchnach (left)

Arbeitsplätze, Wohnräume, Bildung und Verkehrsinfrastruktur auf die Donaustädte zu konzentrieren und den Bayerischen Wald dahinter nur noch als Naherholungsgebiet für diese Ballungsräume zu erhalten. Selbst heute haben noch viele Politiker nicht begriffen, dass der ländliche Raum zugleich ein Wirtschafts-Standort und Lebensraum von ganz eigener Qualität ist.

Entscheidend war und ist, dass „die neue Zeit" auch in den Köpfen der Bayerwäldler und ihrer Politiker anbricht. Das setzt ein Umdenken voraus, das - von Ausnahmen abgesehen - bei einigen erst in den Siebzigerjahren einsetzte, aber bis heute noch nicht überall abgeschlossen ist.

Erst allmählich setzen sich die wesentlichen Grundzüge dieser neuen Zeiten im Denken durch: Nicht mehr Rohstoffe wie Granit, Graphit, Holz und Glas sind für sich allein die wichtigsten wirtschaftlich tragenden Bodenschätze der Region. Vielmehr sind die Innovations-Fähigkeit gut ausgebildeter und flexibler Arbeitskräfte, sowie kreativer Umgang und innovative Techniken der Verarbeitung das wichtigste Kapital der Zukunft und weithin entscheidend für den wirtschaftlichen Erfolg.

Hinzu kommt, dass im Bayerischen Wald die Natur weniger zerstört und die bäuerliche Kulturlandschaft noch gut erhalten ist. Das sind zum einen Naturschätze, deren Wert zwar spät erkannt wurde, deren Zerstörung aber gerade wegen der späten Entwicklung der Wirtschaft unterblieb. Das Hightech-Zeitalter der Computer, des Internets und der Elektronik eröffnet für Firmengründer und Mitarbeiter, die damit umzugehen wissen, eine Chancengleichheit, die es früher hier noch nie gegeben hat.

Die stark verbesserte, wenn auch wegen der Grenzöffnung längst noch nicht ausreichende Verkehrsanbindung an die Autobahnen, Bahn-Verbindungen und an die für den Wirtschaftsaufbau in Osteuropa besonders wichtige Donau-Wasserstraße machen heute diesen Standort für neue Firmen interessant. Dazu kommen günstige Bedingungen für das Bauen im Gewerbe- und Wohnbereich, viele qualifizierte, hoch motivierte Arbeitskräfte, sehr wirtschaftsfreundliche Politiker und hilfsbereite Behörden, sowie die schöne naturnahe ländliche Umgebung mit einer hohen Lebensqualität

Die Brücke der B 12 über den Saußbach bei Freyung. Die neu angelegten Straßen des Bayerischen Waldes haben oft tiefe Taleinschnitte zu überqueren

The bridge of the road B 12 across the Saußbach in Freyung. Roads that are built anew often have to cross over deep valleys (top)

und vielen Angeboten an Kultur, Unterhaltung und Freizeitsport. Attraktive „weiche" Standortfaktoren hier gleichen manche „harten" aus, die vielleicht gegenüber Ballungszentren fehlen.

Die Gründung des Nationalparks im Landkreis Freyung-Grafenau 1970, seine Erweiterung in den Landkreis Regen 1997 und die Erhebung eines großen Teils des Ilztales 1999 zum Naturschutzgebiet, sowie die Einrichtung der zwei großen, hier die Kulturlandschaft schützenden Naturparke, „Oberer Wald" und „Bayerischer Wald", erforderten von den Menschen ein nicht erwartetes tiefgreifendes Umdenken gegenüber der Natur. Von der Rodung, Erschließung und Besiedelung an dominierte ein Jahrtausend lang die Nutzung von Rohstoffen für ,Industrie, Holz- und Landwirtschaft bis hin zu Waldweiden und dem Sammeln von Beeren und Pilzen.

Plötzlich wurde dann eine Kehrtwendung in den Köpfen verlangt: hier Verzicht auf wirtschaftliche Nutzung und Schutz der Natur, da Erhaltung der Kulturlandschaft, dort Vorrang für Umweltbildung und -forschung oder für Erholung durch Erleben der Natur. Kurz: Es gilt heute, die Natur zu verstehen und sie als Wert ohne materiellen Nutzen zu akzeptieren. Und die moderne Industrie verträgt sich leichter nachhaltig mit der Natur als viele alte Fabriken. Für die wirtschaftliche Entwicklung der Region ist der Tourismus eine tragende Säule. Kulturlandschaft und Wald ernährten die Menschen wirklich nicht mehr. Das bedeutet, dass zwar Industrie für diese Region sehr wichtig ist, aber eben nicht anstatt, sondern zusätzlich zum Tourismus und Industrie in Verträglichkeit

Der Grenzübergang Philippsreut im Nordosten des Bayerischen Waldes hatte bis 1989 nur eine geringe Bedeutung (links oben)

Im Oktober 1999, zehn Jahre nach der Grenzöffnung, stauen sich am Grenzübergang Philippsreut auf beiden Seiten in langen Kolonnen die Lastkraftwagen (links unten)

Until 1989 the border in Philippsreut, in the north-east of the Bavarian Forest, was of minor significance (top left)

In October 1999, ten years after the fall of the iron curtain, lorries queue up at both sides of the border (left bottom)

mit dem Tourismus. Damit scheiden Betriebe aus, die Rauch und Lärm verbreiten, mit Abgasen und Abwässern Luft und Gewässer verschmutzen.

Viele verbliebene Betriebe mussten für den Umweltschutz nachrüsten oder schließen, damit zum Beispiel die „frische Waldluft" nicht nach Karbid riecht oder der Bach nach einer Fabrik nicht wochenlang aussieht wie das Schaumbad einer Hollywood-Diva - vom Fischsterben durch Giftabwässer ganz zu schweigen. Im Bereich Umweltschutz hat sich hier vieles getan, was ohne die gebotene Rücksicht auf den Tourismus - nur der Natur zuliebe - sicher viel länger gedauert hätte. Da die verspätete Entwicklung im Bayerischen Wald in wenigen Jahrzehnten mit rasanten Fortschritten vor sich ging, war sie auch - wie überall - von mancherlei Rückschlägen, Fehlern oder Bausünden begleitet. Darum ist heute die Wirklichkeit mit naturverträglichen modernen Betrieben über die Region hinaus noch ziemlich wenig bekannt.

Zudem wurde und wird das ostbayerische Grenzland auch noch von der veränderten politischen Situation in Europa überrollt - mit neuen Herausforderungen und Risiken sowie neuen, erst auszulotenden Chancen. Schon mit dem Fall des Eisernen Vorhangs, des sozialistischen Regimes in der CSSR und der Öffnung des Grenzverkehrs zwischen Bayerwald und Böhmerwald zeichneten sich „neue Zeiten" ab, weil sich in dieser Region das Koordinatensystem stark verändert, wenn Polen, Tschechien und Ungarn politisch und wirtschaftlich wieder näher an Bayern und Sachsen heranrücken.

Tschechiens Beitritt zur Europäischen Union 2004 bekräftigt diese neue, noch kaum von allen begriffene Realität: nämlich die Rückkehr Ostbayerns und des Bayerischen Waldes in die Mitte Europas - in eine grüne Mitte. Wenn nicht Politiker in Berlin und Brüssel durch eine wettbewerbsverzerrende Förderpolitik das bayerische Grenzland neu benachteiligen, entsteht in der gesamten Region des Böhmerwaldmassivs eine neue grenzüberschreitende Zukunftsregion - mit Wettbewerb, aber gegenseitiger Aufwertung.

Eine Reihe von modernen Industriebetrieben, wenn auch noch zu wenige, beweisen, dass im Zeitalter von Computer und Internet die Revierferne nach Westen längst keine so große Rolle mehr spielt wie früher und die Reviernähe zum Osten sich allmählich eher vorteilhaft auswirkt. Da Bund und Land ihre Behörden samt den Beamten immer weiter von der Grenze zurück verlagern, ist es noch schwer, Dienstleistungsbetriebe anzulocken.

Doch selbst ein tägliches Pendeln zu den BMW-Werken oder deren Zulieferfirmen in Dingolfing, Landshut und Regensburg ist heute wegen der modernen Straßen und Autobahnen für einen Bayerwäldler eher zumutbar als in früheren Zeiten die landwirtschaftliche Saisonarbeit im Rottal oder im Gäuboden oder die späteren Wochen-Pendler in der Zeit der Münchner Olympia- und U-Bahnbauten, die nur am Wochenende nach Hause kamen.

Aus dem vom Eisernem Vorhang isolierten Randgebiet Bayerns und Deutschlands wird jetzt ein Tor vom und zum Osten Europas. Es entsteht eine zentrale, auf beiden Seiten landschaftlich einmalige Urlaubsregion. Die ist jedoch auch als Transitland belastet mit einer deutlich verbesserten, aber immer noch nachhinkenden Verkehrsinfrastruktur. Mit Übergangsproblemen ist auch wegen einer ungleichen Lohn- und Preis-Konkurrenz zu rechnen, bei der Bayerns Grenzregion wenig Hilfen aus Brüssel und Berlin erwarten kann.

Trotzdem wird sich auf längere Sicht der EU-Beitritt Tschechiens positiv auf ganz Niederbayern und die Oberpfalz auswirken und damit auch auf den Bayerischen Wald. Denn auch die Bezirkshauptstadt und Region Landshut, ferner die Donaustädte Straubing, Regensburg, Deggendorf und Passau, die jetzt stark nach München oder Nürnberg hin ausgerichtet sind, werden sich dem neuen Koordinatensystem anpassen und sich wohl wirtschaftlich zunehmend auch in Richtung Pilsen, Budweis und Prag orientieren. Neue Entwicklungslinien im Dreieck Passau-Linz-Prag, sowie auf der Achse Regensburg-Furth Pilsen-Prag, ergeben für diese Region in Zukunft noch unabsehbare Chancen.

Das Kloster Windberg (nördlich von Bogen) wurde 1140 von Graf Albert von Bogen als Prämonstratenserkloster gegründet (oben)

Sein um 1220/30 entstandenes Hauptportal zählt zu den größten Schätzen romanischer Kunst (links unten)

The monastery Windberg (north of Bogen) was founded in 1140. The main portal, built around 1220/30, is an outstanding example of the Romanesque period (top and left)

Die Zeit der jahrhundertealten Angst in der Bevölkerung auf beiden Seiten der Grenze vor Kriegen und Überfällen mit Rauben, Brandschatzen und Morden ist gebannt und allenfalls noch ein Thema für historische Freilichtspiele und Festzüge. Auf der kommunalen Ebene funktionieren die Kontakte und die Zusammenarbeit über die Grenze ohnehin bereits ausgezeichnet.

Bei dieser nun veränderten, quasi janusköpfigen Blickrichtung nach zwei Seiten haben die größeren Städte in Niederbayern, der Oberpfalz und Böhmens ihr bisheriges grünes „Hinterland" und sein Arbeitskräfte-Reservoir plötzlich vor sich - ähnlich wie vor Jahrhunderten, als auf den Säumerwegen des „Goldenen Steiges" über die Waldberge der Handel mit Salz, Korn, Glas und anderen begehrten Waren von Donau und Inn her zwischen Bayern und Böhmen blühte. Diese historische „Säumerei", der Handel über die Grenze, wird auf höherem Niveau heute zu neuer Blüte kommen.

Dies eröffnet umgekehrt die Perspektive, dass die Anbindung der Bayerwaldregion an die Wirtschaftszentren Niederbayerns und der Oberpfalz - über die Donaustädte nach Landshut und zum Flughafen oder zur Stadt München - günstiger werden wird. Ähnliches gilt heute für das Netz der modernen Grundkrankenhäuser in den Bayerwald-Städten, die mit medizinischen Universitäts- und Fachkliniken in der ganzen Donauregion zusammenarbeiten. Die hilflose Isolierung und Abgeschiedenheit in der winterlichen Waldeinsamkeit mit dem alten Landarzt auf Skiern ist nur noch Erzählung.

Universitäten und Fachhochschulen in ganz Niederbayern und Teilen der Oberpfalz stehen heute allen Absolventen von weiterführenden Schulen im Bayerischen Wald offen - und mit jeder Verkehrsverbesserung um so mehr. Das ist keine Selbstverständlichkeit in einer Region, in der in weiten Teilen junge Leute noch bis in die Sechzigerjahre nur dann studieren konnten, wenn sie zuvor schon als Schüler in Internate, bischöfliche Seminare oder klösterliche Gymnasien mit Internat an der Donau geschickt wurden.

Das einzige Gymnasium im grenznahen Bayerischen Wald war vor dem Krieg das heute achzigjährige Joseph-von-Fraunhofer-Gymnasium in Cham, als nächstes folgte erst 1962 die Oberrealschule in Zwiesel. Heute liegen die kleinen Städte und großteils schmuck restaurierten Dörfer im Bayerischen Wald nicht nur in einer schönen naturnahen Kultur-Landschaft, sondern auch in einer gut strukturierten Schulregion mit einem dichten Netz von Gymnasien, Realschulen, Berufsfachschulen, Berufsoberschulen und Musikschulen. Diese alle sind auch ein Nährboden dafür, dass im Bayerischen Wald sehr viel qualitätvolle Musik, Theater, Malerei und Bildhauerei entsteht und nicht nur Bauerntheater oder Bauernmalerei.

Anspruchsvolle Kulturangebote wie bei den Europäischen Wochen in Passau und den vielen Festspielen oder Freilichtspielen von Landshut über Straubing bis Waldkirchen, Furth im Wald, Kötzting und anderen Orten sind heute vom Bayerischen Wald aus in maximal eineinhalb Stunden erreichbar. Die modernen Hotels und auch die im Anspruch gehobenen Gaststätten (sogar mit Vertretern der Spitzengastronomie darunter) sowie die Sport- und Freizeiteinrichtungen „im Woid" sind heute von denen anderer Regionen kaum noch zu unterscheiden.

Dass eine Wald- und Flusslandschaft kein Seengebiet ist, wird von dem Vorteil ausgeglichen, dass der Bayerische Wald nicht nur Urlaubsgebiet für eine Saison ist. Er hat sowohl in der Ästhetik von Landschaft und Natur vier gleich schöne Jahreszeiten als auch heute im Bereich von Erholung und Freizeitsport immer Saison: Wandern und Radwandern, Bergsteigen, Alpinskifahren und Langlaufen, Bootfahren, Wellness, Schwimmen und

Bodenmais, am Südfuß des Großen Arber gelegen, ist der meist besuchte Urlaubsort des Bayerischen Waldes

Bodenmais, at the southern slope of Mt. Großer Arber, is the most frequented holiday destination in the Bavarian Forest

Tennis ist geboten bis zu Golf auf mehreren landschaftlich reizvollen neuen Golfplätzen der Bayerwald-Clubs. Und das moderne niederbayerische Bäder-Dreieck mit seinen Thermen ist nur eine gute Stunde entfernt.

Alle diese Aspekte zusammen ergeben „neue Zeiten" im Bayerischen Wald: ein Ferienland und zugleich attraktiver Wirtschafts-Standort mit hoher Lebensqualität, mit großer Nähe zur Natur und vielen ehrgeizigen Eigenleistungen in fast allen Sparten der Kultur. Und nicht zu vergessen: mit einem reichen alten Brauchtum und vielen schönen Festen durchs ganze Jahr.

Über diese verschiedenen Linien, die aus den alten Zeiten in die neuen Zeiten dieser Landschaft des Bayerischen Waldes führen, soll in diesem Bildband informiert werden, dazu einiges erzählt und in vielen schönen Fotos dokumentiert werden. Vielleicht regt er manche Einheimische dazu an, ihre Region nicht nur als alte Heimat zu lieben, sondern auch die Chancen der neuen Zeit besser zu nutzen. Auswärtige Leser sollen mit diesem Band gerne animiert werden, weiterhin ihre Ferien hier zu verbringen oder gar hierher zu ziehen und - wie einst die Jünger von Jesus in der Bibel und der Autor selbst - zu sagen: „Hier ist es gut sein, hier lasset uns Hütten bauen!"

Heinz Theuerjahr (1913 - 1991), der bedeutendste Bildhauer des Bayerischen Waldes, lebte und arbeitete seit 1940 in Waldhäuser (oben links)

Heinz Theuerjahr (1913 - 1991), the most important sculptor of the Bavarian Forest, lived and worked in Waldhäuser from 1940 (top left)

Ein Blick in das Atelier des Malers, Buchillustrators und Lyrikers Josef Fruth (1910 - 1994), der in Fürsteneck lebte und arbeitete. Seine Werke zeigen überwiegend Motive aus dem Bayerischen Wald (oben rechts)

The studio of the painter, illustrator of books and poet Josef Fruth (1910 - 1994), who lived and worked in Fürsteneck. The myth of the Bavarian Forest was his main subject of interest (top right)

Ein altes Waldgebirge auf Granit

Über Landschaft und Klima zwischen Donautal und Böhmerwald

Die Grenzberge aus Granit und Gneis im Bayerischen Wald und Böhmerwald sind eines der ältesten Mittelgebirge in Europa. Erst lange nach der Eiszeit hat sich die Waldlandschaft entwickelt. Das Land war arm an Bodenschätzen, aber immer reich an Niederschlägen. Vereinzelte menschliche Jagdhöhlen oder Siedlungen hat es in vorgeschichtlicher Zeit und noch bei den Kelten gegeben. Die allmähliche Erschließung und erste Besiedelung dieses lange unerforschten Nordwaldes begann jedoch erst im frühen Mittelalter von der Donau her.

Es hat viele lange Eiszeiten in Mitteleuropa gegeben: die meisten in prähistorischer Zeit, in der vor allem die äußere Gestalt und die Bodenbeschaffenheit des gesamten Vorwalds auf beiden Seiten des Böhmerwaldmassivs geprägt wurden und auch die Flussläufe von heute schon im Wesentlichen entstanden. Die allerletzte Eiszeit aber war eine politische und ideologische: Sie hat kurz nach Ende des Zweiten Weltkriegs mit der Errichtung des Eisernen Vorhangs entlang der uralten Landesgrenze zwischen Bayern und Böhmen begonnen. Beendet wurde sie 1990 mit der schrittweisen Grenzöffnung bis zum Beitritt Tschechiens zur Europäischen Union 2004.

Die letzte Eiszeit hatte vor allem zur Folge, dass die Bewohner des Bayerischen Waldes und des Böhmerwaldes sich heute gegenseitig und auch ihre Landschaft kaum noch kennen, ganz im Gegensatz zur Zeit vor 1945, als die Verbindung und der Austausch zwischen beiden Gebieten eng waren. Auf der zuvor entvölkerten und militarisierten böhmischen Seite sieht die Landschaft weithin noch so aus, wie im Bayerischen Wald bis zum Ersten Weltkrieg, nur ohne Häuser.

Das Mittelgebirgsmassiv des Bayerischen Waldes nimmt sich zwar im Vergleich mit den weit höheren und viel imposanteren, steil aufragenden Felswänden oder

Westlich vom Plöckenstein am Dreiländereck von Deutschland,Österreich und Tschechien, liegt das Gebiet „Steinernes Meer", über das der Blick nach Westen in die „Neue Welt" geht (Seite 24)
Blick auf den Kleinen Osser (1.260 m) (oben)
Die Burgruine Weißenstein (bei Regen) steht auf dem Pfahl, der markanten Linie im Bayerischen Wald (Mitte)
Felsgruppe bei Thurmansbang (rechts)
The „Sea of Rock" near Mt. Dreisessel. In the valley lies the area called „Neue Welt" (New World) , cultivated only 259 y ago (p. 24)
View to Mt. Kleiner Osser (1.260 m) (top left)
The ruins of Castle Weißenstein are located on the „Pfahl", a gleaming white quartz dyke which extends as a prominent line through the Bavarian Forest (Middle)
Rocks in Thurmansbang (right)

Gletschern des Kalkgebirges der Alpen geradezu sanft und bescheiden aus, fast wie der gebeugte Rücken eines brav und ergeben hingeduckten Untertans. Aber immerhin hat dieses Waldgebirge ja auch einiges auf dem Buckel: es ist nämlich zugleich auch eines der ältesten in Europa. In prähistorischen Zeiten, also vor über 500 Millionen Jahren, entstanden diese Gesteinserhebungen aus Granit und Gneis. Auf denen ruhen die alten Natur- und Kulturlandschaften des Bayerischen und des Böhmerwaldes stabil - von den beiderseits bewaldeten Höhenrücken der Grenzkämme und ihrer vorgelagerten Berge bis hinab zu den wärmeren und fruchtbaren Ebenen der Donau und Moldau.

Später formten mehrere Klimawechsel und die Verwitterung aus dem Grundgestein die felsigen runden Berggipfel, die wir heute als unsere Bayerwald-Könige kennen: Arber, Hoher Bogen, Osser, Falkenstein, Rachel, Lusen, Dreisessel und Plöckenstein. Zwar überwiegt das kristalline Grundgestein aus Granit und Gneis - mit starken Unterschieden in sich an Körnigkeit, Härte und Farbtönung. Aber es wird ergänzt durch die selteneren Vorkommen von Glimmerschiefer, Quarz, Feldspat und anderen Gesteinen.

Das Grundgestein bewirkt auch an einigen Bergbächen steil hinabstürzende Wasserfälle und wild gischtende Kataraktstrecken. Wo sie aus dem Wald ragen und offen liegen, sind die Steinblöcke meist von vielerlei Flechten überzogen und im Wald sind sie von Moosen oder dünnen Schichten aus Nadel- oder Blätterhumus bedeckt.

Eine Besonderheit in der Bodengestalt der Region ist der sogenannte Pfahl. Das ist eine auf rund 150 Kilometern Länge vom nördlichen Freihung in der Oberpfalz bis zum südlicheren Freyung (und Ringelai) verlaufende, herausragende Felsspalten, die mit meist hellem abgelagertem Quarz ausgefüllt ist. Entstanden ist sie, als von der riesigen Scholle der schon feststehenden böhmischen Masse durch einen inneren Druck ein südwestliches Stück abbrach mit einem tiefen Riss quer durch die Gesteinsschichten bis tief ins Erdinnere.

Erst ein paar Äonen später als diese ersten Erhebungen des Grundgesteins aus Granit und Gneis entstanden, nämlich gegen Ende der letzten klimatischen Eiszeit vor rund 10 000 Jahren, wurde nach und nach der Schutt

abgeschwemmt und der Quarzfelsen offen gelegt. Am höchsten, eindrucksvollsten und deutlichsten zu sehen, ist die Pfahlmauer in der Nähe von Regen bei der Burgruine von Weißenstein. An mehreren Stellen, an denen der Pfahl sichtbar hervortritt, ist er unter Naturschutz gestellt.

Auf dem verwitterten Bodenmaterial dieser felsigen Bergrücken wuchs der heutige Wald. Weiter nach Süden, den Tallagen der Donauebene zu, war diese Region von Wald, überwiegend von Laubwald, bedeckt. Erst später setzten sich die von den Höhen in die Tallagen vorgedrungenen oder angepflanzten Nadelwälder durch. Deren dunkle Flächen sind nur auf einigen Gipfeln und Abhängen des Grenzkammes von hellen Felsbastionen, Felsenriffen und von den mit mehrfarbigen Flechten überkrusteten großen Blockfeldern unterbrochen. Das Gestein wurde im Laufe von acht langen Eiszeiten durch den ständigen Wechsel von Frost und Erwärmung aus den einst geschlossenen Kappen der Bergkämme zu Blöcken freigesprengt.

Die Eiszeit hat nicht nur mit den freiliegenden Felsenhängen und Blockfeldern, Bergseen und Hochmooren (hier Filze genannt) das äußere Aussehen dieser Landschaft geprägt. Sie hat auch bis weit in die Niederungen und Täler die Beschaffenheit der Böden verändert. Der Schutt der letzten Vereisungen hat viele zerriebene Materialien hinterlassen, die aus dem vom Frost aufgesprengten Urgestein allmählich herausgewaschen und talwärts getragen wurden.

Mit dem Sand wurden mancherorts winzige Gold-Partikel ausgemahlen und mit ins Tal geschwemmt. Im Mittelalter wurde versucht, das Gold zu gewinnen und so entstanden an einigen Bachläufen (zum Beispiel am Seebach unter dem Rachel) Siedlungen oder Lager von Goldwäschern. Zur Erinnerung hieran wird an einigen Orten wie in Riedlhütte bei Grafenau die historische Goldwäscherei zum Spaß für Gäste weiter gepflegt.

Abgesehen von den Felsen und den Blockfeldern auf den Höhenrücken, bestehen weite Teile der Bergflächen im Bayerischen Wald aus Sand- und Lehmböden. Gerade in der Hanglagen bietet der Lehmboden günstige Bedingungen für den Wuchs aller in den jeweiligen Höhen vorkommenden Baumarten. Die hohen Niederschläge haben im Tal auch große Flächen an mineralischen und organischen Nassböden verursacht, die heute teilweise Hochmoore sind wie der Klosterfilz an der Nationalpark-Basisstraße oder Auwälder und Feuchtbiotope.

Der Wald veränderte sich nicht nur im Verlauf der Erdgeschichte und in jüngerer Zeit durch forstliche Eingriffe, sondern auch mit jeder Klimaveränderung. In Bayern gab es zuletzt vor rund 500 Jahren eine deutliche Klimaveränderung, durch die auch die meisten alten, noch aus der Römerzeit stammenden Weingärten an den Donauhängen erfroren, was dem Bierbrauen im ganzen Land einem mächtigen wirtschaftlichen Auftrieb gab. Die damalige Abkühlung des Klimas wirkte sich abgestuft auf alle Klimazonen des Waldgebirges und daher auch auf deren jeweilige Vegetation aus.

Das Klima im Bayerwald unterscheidet sich nicht nur deutlich von dem in den Alpen und im Flachland. Es ist auch im Bayerischen Wald selbst innerhalb kurzer

Schnee im September in Schönbrunnerhäuser am Fuß des Lusen (oben)

Snow in September in Schönbrunnerhäuser below Mt. Lusen (top left)

Künstlich bewässerte Wiese („Wässerwiese") in Adelsberg bei Hohenau. Die künstliche Bewässerung von Wiesen war früher zur Ertragssteigerung im Bayerischen Wald weit verbreitet (unten links)

Irrigated meadow („Wässerwiese") in Adelsberg. It was common practice in the Bavarian Forest to water meadows, but most of the ditches were filled when the farmers began to use tractors (left)

Das fruchtende Wollgras, bei Waidhütte (unten rechts)

Eriophorum in Sagwassertal near Waidhütte (bottom right)

Abstände sehr unterschiedlich und weist von den rauhen Höhenlagen bis zur wärmeren Donauebene nahezu alle Abstufungen auf. Eventuelle mögliche Auswirkungen der auf längere Sicht prophezeiten Klimaerwärmung auf der Erde sollen hier unberücksichtigt bleiben. In den letzten 20 Jahren durchaus zu beobachtende Auffälligkeiten bei den Wetterveränderungen können ebensogut auch nur vorübergehende Pendelausschläge sein; dann ist das derzeit wärmere Wetter nur eine zeitweilige Ausnahme von der Regel.

Nach bisheriger Wetterstatistik gilt, dass der Bayerische Wald im Vergleich mit anderen Regionen

extrem hohe Niederschläge, vor allem mehr Schneefälle aufzuweisen hat. Zugleich hat er aber auch mehr Sonnentage. Bei gleicher Höhenlage wie in den Alpen ist es im Bayerischen Wald deutlich kälter. Insgesamt ist also in einem als liebliches Hügelland und sonniges Gebirge beschriebenen Gebiet ein rauhes Klima mit hohem lang anhaltenden Schneereichtum im Winter und viel Regen im Frühsommer vorherrschend.

Der Volksmund hat das bis vor gut 20 Jahren - und da vor allem in Anspielung auf extrem schlechte Bedingungen für die Bayerwald-Landwirtschaft- einfach mit einem lustigen Vers erklärt: Siebn Monat Winter und fünf Monat kalt, is unser Wetter im Boarischen Wald!

Auch wenn er sich nicht als Werbetext eignet, kann der Spruch zum leichteren Verständnis dienen für das frühere schwierige Leben im Wald, die Not und die Abgeschiedenheit in langen Wintermonaten unter tiefem Schnee. Noch in den Zwanzigerjahren des letzten Jahrhunderts haben die Waldler im heutigen Wintersportzentrum Mitterfirmiansreut in ihrem schneereichen aber bettelarmen Dorf eine große begehbare Schneekapelle gebaut, Fotos davon in ganz Deutschland verschickt und damit Geld für ihre Kirche gesammelt. Heute kann ihnen für den Wintersport gar nicht genug Schnee auf die Pisten und endlosen Loipen fallen.

Abgesehen davon, dass es seit etwa 20 Jahren wärmer ist und die alten Wetterbeobachtungen kaum noch stimmen, sind sie auch in Bezug auf die vielen Regen- und Sonnentage widersprüchlich. Fachleute erklären diese Klimawidersprüche so: Der Bayerische Wald liegt am Übergang vom ozeanischen zum kontinentalen Klima. Die Höhenrücken, die hier - im Unterschied zu den Alpen - von Nordwest nach Südost verlaufen, liegen damit quer zur Haupt-Windrichtung, die im Schnitt

Schneegestöber in Finsterau (rechts)

Snowstorm in Finsterau. (top)

Winterhochwasser der Wolfsteiner Ohe in der Buchberger Leite (unten links)

High tide of the stream Wolfsteiner Ohe in the small canyon Buchberger Leite during winter (bottom left)

zu ca. 70 Prozent von West nach Ost und zu 30 Prozent umgekehrt weht. Dadurch kämmen oder melken die Wälder der Grenzkämme den Rest der vom Atlantik her ziehenden Regenwolken quasi aus. Das erklärt hohe Niederschläge im Sommer wie im Winter und dazwischen die vielen Sonnentage mit wolkenlosem Himmel und kurzen Gewittern.

Der seltenere trockene Ostwind bringt im Sommer frisches und schönes Urlaubswetter und im Winter klare, aber sehr kalte Nächte. Berüchtigt und in früheren Zeiten auch gefürchtet ist starker Ostwind im Winter: Diesen schneidenden Böhmwind hat die kämpferische Bayerwald-Dichterin Emerenz Meier wegen seiner auffrischenden Wirkung auf die Menschen besonders geschätzt. Der ist aber nicht nur sehr kalt, sondern er wirbelt und wachelt auch den Schnee vom Boden weg und bewirkt in kurzer Zeit gefährliche Verwehungen auf den Straßen.

Da heißt es für ortsunkundige Urlaubsgäste gut aufpassen. Aber für längere Zeit in einer Schneewächt festgesessen und erfroren ist noch keiner. Früher konnte das mit einem Pferdefuhrwerk weitaus gefährlicher werden. Rauh, aber herzlich sarkastisch, heißt es dazu in einem alten Gedicht::

„An der böhmischen Grenz, hat's an Fuhrmo verwaht,
grad recht is eam gschehng,
warum fahrt er so staad."

Ist viel Schnee gefallen, muss das Dach freigeschaufelt werden, da es sonst unter der Last brechen könnte (unten rechts)

After a heavy snowfall the roof is shovelled free because the weight of the snow could cause the roof to collapse (bottom right)

Wie die Baiern in den Wald kamen

Vor 1200 Jahren wurde der Nordwald erschlossen und besiedelt

Die Römer beherrschten das von den Kelten bewohnte Donautal über fünf Jahrhunderte lang, drangen aber nicht in die terra incognita, das noch unbekannte Land im Norden vor. Zwar kannten die Kelten diesen Nordwald und durchquerten ihn auf kleinen Jagd- oder Handelspfaden nach Böhmen, aber fest siedelten sie dort nicht. Auch die Bojaren, die bei der Völkerwanderung von Böhmen her nach Baiern kamen, wollten hier nicht bleiben. Der erste Schritt zur Erschließung dieses geschlossenen Waldes und zur Sicherung der Grenze auf bairischer Seite wurde getan, als von Regensburg aus im Jahr 739 das heutige Chammünster errichtet wurde. Vom 9. Jahrhundert an setzten dann weitere Rodungen und Besiedelungen im Inneren Wald ein, die ein Jahrtausend lang andauerten.

Den Kelten wird nicht nur im nachgebauten Keltendorf Gabreta bei Ringelai nachgesagt, sondern auch von Historikern durchaus zugetraut, daß sie bereits vor und während der Römerzeit, also Jahrhunderte vor der Erschließung des großen Nordwaldes Jagdpfade und Handelswege nach Böhmen kannten und zu ihren Stammesverwandten und Nachbarn dort Kontakt hielten. Die Pfade führten von Passau der Ilz entlang durch die Waldberge oder von Regensburg aus den Regen entlang und dann durch die Cham-Further Senke.

Aber nachhaltig besiedelt hatten die Kelten den rauen Wald nicht. Kein Interesse an der unwirtlichen Gegend und ihren kaum zugänglichen Bodenschätzen zeigten die Römer, die schließlich rund fünf Jahrhunderte lang im Donauraum mit den Kelten friedlich zusammenlebten. Auch die gegen Ende der Völkerwanderung, in der ersten Hälfte des 6. Jahrhunderts aus Böhmen eingewanderten Bojaren (Bajuwaren) siedelten sich damals nur in der fruchtbaren Donauebene an oder zogen weiter süd- und westwärts in Landschaften entlang des Inns, der Isar und des Lechs.

Als „eremus Nortwalt", den menschenleeren Wald, bezeichnet ihn eine Urkunde des Klosters Metten von 835. In anderen Urkunden des Mittelalters heißt der Grenzwald gegen Böhmen „silva Bohemica", aber bald auch deutsch Böhmerwald und etwas später wurde dann vereinzelt für dessen bayerische Seite auch der Name Bayerischer Wald verwendet, der seit gut hundert Jahren der allein übliche Begriff ist. Den alten Klöstern an der Donau wurden von Kaisern, Herzögen und Grafen immer wieder „silvae eremae", menschenleere Urwälder im Grenzland geschenkt, damit sie dort mit Mönchen und sie begleitenden Bauernsöhnen neue Klöster und Dörfer als erste befestigte Stationen errichteten, denen weitere Siedler folgten.

Für seine Bewohner war dann der Bayerische Wald immer nur „da Woid": der Wald. Wer von dieser Heimat abstammt, kommt vom Woid aussa und meist zumindest emotional vom Woid nicht mehr los; auf hochdeutsch wird er als Bayerwäldler bezeichnet. Sie selbst nennen sich stolz Waidla (Waldler). In Bayern sagt man Waidla und schaut auf sie entweder wegen vermuteter Armut und Rückständigkeit geringschätzig herunter oder man bewundert sie, weil man ihre Tüchtigkeit und Zuverlässigkeit kennt.

Die Bayerwäldler sind stammesmäßig alle Altbayern oder Baiern ohne Ypsilon, das erst der Hellenen-Fan König Ludwig I. im 19. Jahrhundert eingeführt hat. Das heißt sie waren schon Baiern, bevor 1806 Kaiser Napoleon aus Bayern wieder ein Königreich gemacht und diesem auch die Gebiete Franken und weite Teile Schwabens eingegliedert hat. Die Bayerwäldler sind aber in zwei Bezirke und auch Sprachgruppen geteilt.

Der nördliche oder Obere Bayerische Wald im Landkreis Cham, gehört heute zum Regierungsbezirk Oberpfalz. Die Obere Pfalz ist erst im Dreißigjährigen Krieg zum Herzogtum und dann Kurfürstentum Bayern gekommen.

Der größte Teil des Bayerischen Waldes, des Mittleren und Unteren Waldes, nämlich die Landkreise Regen, Freyung-Grafenau, sowie die in den Landkreisen Passau, Deggendorf und Straubing-Bogen als Vorwald angrenzenden Gebiete gehören zum Bezirk Niederbayern.

Auch die Bewohner des Altlandkreises Kötzting sind Niederbayern; sie wurden erst bei der Gebietsreform 1972 dem Landkreis Cham zugeschlagen. Ursprünglich hätte das ganze Arbergebiet zur Oberpfalz kommen sollen. Aber wenn die Niederbayern ihren höchsten Bergkönig

Der über 1000 Jahre alte Wallfahrtsort Kreuzberg thront auf einer Kuppel nördlich von Freyung (Seite 30)
Früher Wintereinbruch am Arber (links unten)

Kreuzberg north of Freyung (previous page)

Early winter at Mt. Arber (bottom)

Ein Meer von Wald, nur von kleinen Siedlungsflächen unterbrochen (rechts)

An ocean of wood with only small clearings (right)

Arber nicht wenigstens von einer Seite und seine Spitze hätten behalten dürfen, wäre zwischen Niederbayern und Oberpfälzern ein erbitterter Grenzkrieg ausgebrochen und zwar diesmal ohne Beteiligung der Böhmen.

Doch nicht genug der Unterteilung: Auch durch den niederbayerischen Teil verläuft noch eine alte Grenze, die sich zwar weniger sprachlich aber immer noch in der Mentalität auswirkt. Das Wolfsteiner Land, benannt nach dem Pflegegericht Schloss Wolfstein in Freyung, der Ostteil des Landkreises Passau (Altlandkreis Wegscheid) und die Stadt Passau bildeten bis zur Säkularisation 1803 rund 600 Jahre lang das Fürstbistum Passau. Landesgrenze zum Herzogtum Bayern waren das aus dem Lusengebiet fließende Sagwasser und dann weiter südlich die Ilz bis Passau.

Bei der bayerischen Gebietsreform von 1972 wurden auch das Wolfsteiner und das Grafenauer Land zu einem Landkreis Freyung-Grafenau vereinigt. Doch Mentalität, Denkweise und vor allem die Liebe zueinander orientieren sich zwischen Bischöflichen (Bistümler-Lackeln) und Bayerischen (Boarischen Biffeln) auch heute eher an den alten Grenzen vor der Säkularisation, auch wenn 200 Jahre vergangen sind.

Die Sprachgrenzen im Bayerischen Wald hingegen verlaufen anders. Um das halbwegs zu durchschauen, müsste aber ein nichtbayerischer Urlauber seinen Aufenthalt von zwei Wochen auf zwei Jahre verlängern. Einiges über die Sprache und Dialekte der Bayern und der Bayerwäldler ist im Kapitel über die Menschen im Wald gesagt. Hier nur das Wichtigste als bewährter guter Rat für alle Breissen genannten Nichtbayern: Bayerisch und seine Dialekte kann ein Erwachsener nicht mehr erlernen und wenn man es versucht, fühlen sich die Einheimischen ähnlich verspottet, als würde ein Bayer in Köln als Milowitsch auftreten. Darum fährt man als Einagschmekta oder Zuagroaster und erst recht als Feriengast am allerbesten, wenn man redet, wie einem der Schnabel gewachsen ist. In Altbayern, also in

Ober- und Niederbayern wie in der Oberpfalz, wird jeder Fremde respektiert, wenn er ein Original ist und keine Kopie, denn: Verarschen könn ma uns selber.

Doch auch wenn der Bayerische Wald aus fast lauter Altbayern besteht ergänzt durch die in der Art verwandten Böhmerwäldler aus dem Sudetenland, so hatte die politische Geschichte und Entwicklung des Oberen und Unteren Waldes jeweils auch im Herzogtum und Fürstbistum andere Linien. Das älteste historische Zeugnis der systematischen Erschließung des Raumes um das heutige Cham besagt, dass der bayerische Herzog Odilo dem Kloster St. Emmeram in Regensburg einen Teil des Nordwaldes zum Zwecke des Urbarmachens schenkte und der Bischof und Abt Gaubold im Jahre 739 von den Mönchen Chammünster errichten ließ.

Nach dem heimtückischen Sturz des Bayernherzogs Tassilo durch Karl den Großen ließ der Kaiser nach erfolgreichen Kämpfen gegen das Reitervolk der Awaren und gegen die Tschechoslawen um das Jahr 805 eine Markgrafschaft im Nordgau errichten und regelte im Raum um die Reichsburg Cham den Handel mit den Tschechen und den Umgang mit Siedlungen der dort bereits ansässigen slawische Minderheit. Der geschichtskundige Regierungsrat Georg Priehäusser aus Zwiesel schreibt 1965 über das Land an der Grenze: Die Errichtung der Markgrafschaft Nordgau und die Ansiedlung zahlreicher Ministerialen war notwendig geworden, um diese Völkerpforte gegen die häufigen Vorstöße räuberischer tschechischer Kleinfürsten zu sichern.

Gegen die regelmäßigen kriegerischen und räuberischen Einfälle von Tschechen in das bayerische Grenzland kämpften auch die niederbayerischen Grafen von Bogen aus dem Straubinger und Deggendorfer Gebiet. Ihnen war aus dem Königsgut an der Grenze ebenfalls Waldbesitz zugeteilt worden, um ihn zu roden, zu besiedeln und zu befestigen. Nur für eine Weile kehrte Ruhe und Frieden ein, als die Adelsherren beiderseits der bayerischen und tschechischen Grenze einmal gegenseitig ihre Töchter heirateten.

Als das mächtige und reiche Geschlecht der Grafen von Bogen, deren Besitz bis weit nach Böhmen (Schüttenhofen) hinein reichte, im Jahr 1242 ausstarb, ging der Kampf um Erbe und Besitzungen weiter. Mehreren verheerenden Kriegszügen der untereinander zerstrittenen und oft vertragsbrüchigen Tschechen herüber folgten hinüber deutsche Heerzüge, immer unter Ausnutzung der geographischen Vorteile der Cham-Further Senke. Nur in den kurzen Friedenszeiten blühte der Handel über die Grenze.

Das Erbe der Bogener fiel auf bayerischer Seite schließlich an das Haus Wittelsbach samt den von den Bogener im Wappen geführten weißblauen Rauten, die heute im bayerischen Staatswappen Niederbayern repräsentieren und allgemein als Symbole Bayerns gelten. Die Auseinandersetzungen an der Grenze gingen aber auch weiter, als das Königreich Böhmen zum Imperium der Habsburger gehörte.

Zu den schlimmsten historischen Ereignissen dieser dauernden Bedrohung vor allem der Bevölkerung im Grenzland, dies ist der historische Hintergrund für den Further Drachenstich, das älteste Volksschauspiel Deutschlands, zählen.

Die Inn-Promenade in Passau an einem kalten Wintermorgen, wenn aus dem Inn der Nebel hochsteigt (links)

Vom Grandsberg reicht der Blick weit hinaus über den Bogenberg in das Donautal (oben)

The Inn Promenade in Passau on a cold winter morning with fog rising from the river Inn (opposite page)

From Grandsberg one can see far across Mt. Bogenberg into the Danube valley (top right)

Die Ruine Neunuß-berg (750 m) östlich von Viechtach (oben links)

The Ruin Neunußberg (750 m) east of Viechtach (top left)

Während auf der deutschen Seite das Gelände bis zur Grenze bewirtschaftet wurde, breitete sich bis zur Grenzöffnung 1989 auf der tschechischen Seite der Grenze das Brachland aus (rechte Seite)

Before 1989 the civilised world seemed to end at the German-Czech border (opposite page)

Nachdem der tschechische Reformations-Prediger Jan Hus 1415 vom Konzil in Konstanz als Ketzer auf dem Scheiterhaufen verbrannt worden war, nahmen die Hussiten, seine fanatischen, nationalistischen Anhänger, von 1420 bis 1433 mit ständigen Raubüberfällen blutige Rache an den am Tod von Jun Hus nicht schuldigen Bayern und zerstörten plündernd deren Städte und Märkte. Das Wort „hussen" für „aufhetzen" ist bis heute im Bayerwald gebräuchlich.

In der gleichen Weise machte jeder Streit im eigenen Land bzw. Herrscherhaus die Bewohner des Grenzlandes zu Leidtragenden, weil jede Niederwerfung aufständischen Landadels oder auch der Landshuter Erbfolgekrieg von 1504-1505 immer mit Plünderungen und Greueltaten an der Bevölkerung einherging.

Der 30-jährige Krieg (1618 - 1648) brachte unsäglich viel Not und Leid über den Bayerischen und den Oberpfälzer Wald. Über das Gebiet gingen die Fronten mehrmals hinweg, wobei von befreundeten Truppen nicht viel weniger Belastungen und Grausamkeiten zu erdulden waren als vom Feind. Am schlimmsten hausten die beidseitigen Truppen 1641 beim zweiten und 1648 beim letzten Einfall der Schweden, schreibt Priehäusser: Was nicht mitgenommen werden konnte, wurde vernichtet. Die Bevölkerung war durch Mord, Hungersnot und Pest auf die Hälfte dezimiert, das meiste Ackerland verwildert, zahllose Höfe und Dörfer nur mehr Ruinen.

Der spanische Erbfolgekrieg unter Kurfürst Max Emanuel gegen Österreich (1701 - 1713) führte nach harter Unterdrückung durch österreichische Besatzer auch im Wald wie in ganz Ober- und Niederbayern zu Bauernaufständen, die von den kaiserlichen Truppen schließlich blutig und grausam niedergeworfen wurden. Nach nur 30 Jahren Frieden begann der österreichische Erbfolgekrieg von 1742-45. Diesmal waren die Peiniger

Alljährlich spielt in Furth im Wald das älteste Volksschauspiel Deutschlands: der „Drachenstich" (links)

The centre of the oldest folk play in Germany „The Killing of the Dragon" in Furth im Wald is of course the dragon (left)

die wilden Horden der Panduren und Kroaten, die im Auftrag von Kaiserin Maria Theresia unter Führung ihres Obristen Trenck auch im Bayerischen Wald Burgen und Städte zerstörten, plünderten und brandschatzten und die Bewohner mordeten.

Nach den napoleonischen Kriegen, die zu Beginn des 19. Jahrhundert wieder mit Durchzug und Einquartierung von eigenen wie fremden Truppen sowie mit ständigen Geld-Kontributionen neue Opfer erforderten, blieb das Grenzland bis 1945 vom Krieg überwiegend verschont. Erst in den letzten Monaten und Tagen des Krieges kam es zu größeren Zerstörungen in einzelnen Orten, z.B. in Wegscheid. Zum Glück für die Bayerwäldler befreiten die Amerikaner das Land schneller vom Nationalsozialismus als die mehr im Nordosten vorrückende Rote Armee. Der befreite Westen Böhmens (und bis 1955 Österreich nördlich der Donau) fiel dann aber den Sowjets zu. Das hatte zur Folge, dass im Waldgebirge der Eiserne Vorhang alle alten Grenzübergänge schloss.

Die Erinnerung an viele dieser Schreckenszeiten der Geschichte von den Hussiten über die Schweden bis zu den Panduren wird bis heute in farbenprächtigen historischen Festen und Freilichtspielen im Bayerischen Wald wach gehalten. Ebenso bieten die Erinnerung an Raubritter, fürstbischöfliche und hofmärkische Gerichte, Hexenprozesse oder Räuberbanden viel Stoff für historische Theater, Umzüge und Feste. Es ist nicht nur eine Attraktion für Touristen, sondern belegt auch, wie sehr sich die Waldler mit ihrer Geschichte identifizieren.

Im Unteren Bayerischen Wald waren diese kriegerischen Überfälle weniger häufig und nicht so anhaltend schlimm. Der Grund ist erstens, weil wahrscheinlich die Passauer Fürstbischöfe weniger in die Erbhändel und Eroberungszüge der Adelsgeschlechter verwickelt waren und zweitens, weil auch das ähnlich dünn besiedelte Südböhmen abseits der Haupteinfallschneisen für Heereszüge strategisch weniger wichtiger und auch selbst kein reiches Land war. Von der allgemeinen Not, den großen Opfern und Belastungen jeder dieser Kriegszeiten war indes das ohnehin bettelarme Gebiet im Unteren Bayerischen Wald ebenso betroffen.

Die friedlichen Zeiten in der Geschichte der Region geben für Feste und Spiele wenig her. In Grafenau, gefolgt von Grainet und Hinterschmiding, wird jedoch jedes Jahr mit Säumerzügen und -festen gerade an die guten Jahrhunderte in diesem Teil des Bayerischen Waldes erinnert. Der Saum ist die Grenze und auch der Traggurt von Pferden, an dem die Lasten wie zum Beispiel Säcke oder Salzscheiben beiderseits befestigt waren.

Böhmen hatte kein eigenes Salzvorkommen, musste also Salz für Menschen, Tiere und Gewerbe einführen. Dieses Salz wurde aus bayerischen, salzburgischen und tirolischen Salinen nach Böhmen transportiert: zuerst auf dem Wasserweg mit recht gefährlichen Fahrten flacher Lastkähne über die damals noch reißenden Flüsse Salzach und Inn. Im fürstbischöflichen Passau und in Schärding, das bis 1779 (Frieden von Teschen) bayerisch war, wurde das Salz erst auf Fuhrwerke umgeladen und - spätestens vor den Gebirgspfaden - dann nochmals auf den Saum der Tragpferde.

Die Handelsherren, die mit den Fuhrwerken, Tragpferden, einigen Pferdeknechten und Reisigen diese Transporte durchführten, hießen deshalb in der doppelten Bedeutung des Wortes Säumer und ihre aus jeweils etwa 20 bis 30 Pferden bestehenden Handels-Karawanen hießen Säumerzüge. Außer Salz führten sie auch noch andere in Böhmen begehrte Südwaren mit, zum Beispiel Gewürze und Stoffe aus Venedig. Und auf dem Rückweg brachten die Säumer Waren aus Böhmen, vor allem Getreide, aber auch Malz, Bier und Schmalz mit. Salz für Korn, und Korn für Salz hieß die Kurzformel auf der bayerischen Gulden Straß und den fürstbischöflichen Goldenen Steigen.

Diese Steige waren im Mittelalter wichtige Handelswege. Orte, die zur Versorgung der Säumer und zur Befestigung der Wege geeignet waren oder nur deswegen erst gegründet wurden, erlebten in der Zeit einen beachtlichen wirtschaftlichen Aufschwung. Wie immer aber, wenn es um wirtschaftliche Interessen und Steuern, Maut und Zölle geht, wurde dieser Salzhandel nach Böhmen in Konkurrenz zwischen Bayern und dem Fürstbistum abgewickelt. Darum haben die Herzöge in Bayern durchgesetzt, daß die Säumer die Ware nicht in Passau, sondern schon in der noch bayerischen Stadt Schärding am Inn umladen, bei Vilshofen über die Donau bringen und dann auf der Gulden Straß über Haus im Wald und Grafenau am Lusen vorbei nach Bergreichenstein in Böhmen.

Die bischöflichen Salzsäumer hatten kürzere Wege: ihr Goldener Steig führte von Passau der Ilz entlang nördlich bis kurz vor den Markt Röhrnbach. Von dort gingen drei Steige zu drei böhmischen Zielorten: einer führte über Freyung nach Bergreichenstein, einer über das Dorf Hinterschmiding (die hintere Schmiede) nach Winterberg und einer - als östlichste Variante - über Waldkirchen und Grainet nach Prachatitz. Diese Goldenen Steige können heute teils auf den alten Pfaden, teils auf neuen Strecken im Landkreis Freyung-Grafenau als historische Wanderwege begangen werden.

Der größte Teil der Siedlungen nördlich von Freyung und Waldkirchen in Richtung der böhmische Grenze entstand nicht, um den Wald urbar zu machen und Ackerland zu gewinnen. Die ersten Schneisen in das innere Waldgebiet wurden im Interesse dieser Handelswege geschlagen. Landwirtschaft war im grenznahen Wald nie konkurrenzfähig gegenüber den von Boden und Klima begünstigten Agrargebieten der Talebenen von Donau, Rott und Vils. Zeitweise recht erfolgreiche Viehzucht mit der Spezialität Ochsenmast gab es lediglich von der Donau bis zu den Märkten Röhrnbach und Waldkirchen. Nördlich davon reichten Ackerbau und Viehhaltung allenfalls für die Selbstversorgung.

Der Salzhandel endete, als die Habsburger Böhmen zwangen, sich von Österreich aus mit Salz versorgen zu lassen. Das Überleben in den höhergelegenen Dörfern des Bayerischen Waldes war durch das, was der Boden hergab, nur notdürftig gesichert; der Anbau der anspruchslosen Kartoffel wurde eingeführt. Diese Erdäpfel und dazu sauere Milchsuppe wurden Hauptnahrungsmittel der armen Waldlerfamilien. Viele junge Leute zogen weg und suchten Arbeit in den Städten oder wanderten gleich aus. Wer blieb konnte meist nur mit Waldarbeit neben der Landwirtschaft recht und schlecht existieren.

Die Holznutzung war ein durch Jahrhunderte wichtiger Wirtschaftszweig. Auch wenn die systematische Rodung und Besiedlung des Nordwalds bereits um das erste Jahrtausend einsetzte, war das Holz noch sehr lange

Anlaß, neue Siedlungen im Waldgebirge zu gründen. Eine ganze Reihe von Orten im östlichen, früher fürstbischöflichen Teil des Alt-Landkreises Freyung wurden deshalb noch vor rund 200 Jahren und später gegründet. Die Ansiedlungen entstanden durch Rodung eines Waldteils, meist Brandrodung, und durch Reuten, was soviel heißt wie: Ausräumen der Bäume, Säubern des Rodungsstücks, Heraushauen der Wurzeln, Umgraben oder Pflügen des Waldbodens zum Acker und Anlegen von Wegen durch die tiefen Wälder und Forste.

Die Ortsnamen mit -reut oder -reit, von denen es im Landkreis Freyung-Grafenau ganze 88 gibt, zeugen von dieser Entstehung. Die Ortsnamen sind häufig mit dem Namen jenes Fürstbischofs verbunden, der dieses Stück Wald zum Reuten und Besiedeln freigegeben hat, z.B. Firmiansreut, Philippsreut, Leopoldsreut, Heinrichsreut etc...

Zu den Ortsnamen mit der Silbe -reut, so erläutert Paul Praxl in der Heimatgeschichte des Wolfsteiner Landes, kommen noch Rodungsnamen wie: Prünst, Gsenget, Gschwendet, Schlag und Lacken. Mit Auslackern und Schlagen, Schwenden, Brennen, Sengen und Reuten hat der Bauer den Wald zurückgedrängt, den Boden von Stöcken und Steinen befreit, urbar gemacht und so in jahrhundertelanger Arbeit das Bild unserer Heimat gestaltet.

Auch im Mittleren und Oberen Bayerischen Wald, den heutigen Landkreisen Regen und Cham, war durch Jahrhunderte die Nutzung der Wälder durch Einschlag und Verkauf des Holzes ein wichtiger, aber nicht der hauptsächliche Wirtschaftszweig. Im Bayerischen Wald gab es überall lange Zeit keine Möglichkeit, Holz zu den Großstädten, die es am meisten als Bau- und Brennholz brauchten, zu transportieren. Erst die Technik des Holztriftens ermöglichte den Holztransport über weitere Strecken. Mangels anderer lukrativer Rohstoffe und Einnahmequellen förderten die Fürstbischöfe die Schaffung von Trifteinrichtungen viel früher als die bayerischen Herzöge. Bis weit ins 20. Jahrhundert hinein waren die Ilz, der Regen und die größeren Zuflüsse Transportwege für Baumstämme und Scheitholz, die in den Grenzwäldern abgesägt und zugeschnitten, sodann über Schwellgräben abwärts getriftet wurden. Der Wald wurde so wirtschaftlich nutzbar.

In allen Gebieten des Bayerischen Waldes, vorwiegend aber im Grafenauer Land von Riedlhütte bis Spiegelau und noch mehr im Landkreis Regen von Frauenau über Zwiesel, Ludwigsthal und Spiegelhütte bis weit in den Oberpfälzer Wald waren Hauptnutzer des Holzes die zahlreichen Glashütten, die in den Wäldern errichtet wurden und von den Wäldern lebten.

Sie bildeten früh den Schwerpunkt der Wirtschaft in dieser Region und standen in regem Austausch von Glas-Techniken und Glas-Kunst mit Böhmen. Die Glasmacher hatten hier das Brennholz, den Quarzsand, die Holzkohle und die auch aus Holz gebrannte Pottasche als Rohmaterial vor der Haustüre. Darum entwickelte sich die Glasmacherkunst im Bayerischen wie im Böhmerwald jenseits der Grenze durch viele Jahrhunderte zu großer Blüte.

Es gibt nur wenige Orte um die Bayerwaldberge - vom Dreisessel über den Lusen und Rachel bis zum Falkenstein und Arbermassiv - in denen nicht zumindest

Feldweg, wie ihn wohl auch die alten Säume benutzten (linke Seite)

Donauufer in Passau, hinter dem Schiff der ehemalige Salzstadel (rechts)

Path near Gumpenreit and Sonnenwald area in Solla. (opposite page)

The bank of the Danube in Passau (top right)

Die älteste Steinbrücke des Bayerischen Waldes bei Röhrnbach (unten rechts)

The oldest stone bridge of the Bavarian Forest in Röhrnbach (bottom right)

zeitweise einmal eine Glashütte stand. Denn die Glashütten wechselten regelmäßig ihre Standorte, wenn sie den Wald ringsum verbraucht hatten und zogen mit ihren Glasöfen in unberührte Waldgebiete. Es waren Wanderhütten, was durch Ortsnamen wie „Althütte" und „Neuhütte" bis heute überliefert ist. Wäre im vorletzten Jahrhundert nicht die Eisenbahn erfunden worden, die den Glasmachern Kohle und chemische Pottasche als Rohstoffe an ihre von da an festen Fabrik-Standorte brachte, hätte der Wald den Holzverschleiß wohl nicht überlebt.

Die Eisenbahn war aber auch der Todesstoß für zahlreiche Gewerbe, die man heute Zulieferbetriebe nennen würde. Die Aschenbrenner, die Pottasche für Glashütten herstellten starben aus, wie inzwischen auch die Köhler. Sie sind früher im Wald mit den Glashütten mitgewandert. Holzkohle haben sie noch länger an Schmiede und andere Abnehmer verkauft, bis ihnen die billigere Konkurrenz aus den waldreichen Ländern Osteuropas den Rest gab. Heute werden Kohlenmeiler nur noch zur Demonstration des alten Handwerks im Bayerischen Wald aufgebaut und abgebrannt - zum Beispiel zwischen Zwiesel und Frauenau und im Freilichtmuseum in Finsterau.

Nicht viel besser hatten es die ebenfalls ausgestorbenen Pechler, die aus dem Harz von Fichten und Kiefern (Föhren) Pech herstellten sei es als Wagenschmiere, zum Abdichten der Holzfässer oder als Schusterpech für wasserdichte Schuhe und anderes.

Zur Blütezeit der Glashütten waren die damals so genannten Glashüttenleute angesehene und vergleichsweise gut verdienende und auch gut lebende Fachleute.

Die Glasmacher wie sie sich selbst nennen, wogegen Branchenfremde sie fälschlich Glasbläser nennen - waren immer ein eigener stolzer Stand, zogen oft von auswärts her und wanderten auch wieder ab, um ihre Kunstfertigkeit vorteilhafter zu verkaufen oder neue Techniken zu lernen. Sie kannten die weite Welt und wollten mit den armen und unterdrückten Waldbauern oder Holzhauern nicht viel zu tun haben. Daher blieben sie eher unter sich, auch später, als nicht nur die Hütten, sondern auch sie selbst sesshafter wurden.

Das Waldgebirge galt auf beiden Seiten der Grenze in ganz Europa als die Heimat und Nachwuchs-Schmiede der Glasmacher, Glasschleifer und Glaskünstler. Mit dem wirtschaftlichen Erfolg einer Glashütte blühte auch der Ort auf, wo sie stand. Umgekehrt ist der heute drohende weitere Niedergang der traditionsreichen Glashütten ein wirtschaftlicher Schaden für die Region.

Alle im Laufe der Erschließungs- und Siedlungs-Geschichte begonnenen Versuche, mit Bergbau im Bayerischen Wald von Silber, Erzen und Mineralien wie Graphit,

Leopoldsreut (1.108 m) wurde 1618 gegründet und 1962 wegen der Höhenlage wieder aufgegeben, übrig blieben nur die Kirche und das Schulhaus (oben)

Leopoldsreut (1.108 m) was founded in 1618 and due to the rough climate abandoned in 1962. Only the church and the school building remained (top)

Holz wird heute nicht mehr geflößt oder getriftet, aber gelegentlich im Wasser gelagert (Kreuzbachklause) (links)

Trees are no longer rafted, but sometimes stored in water (Kreuzbachklause) (left)

Blick über Mooshütte auf den Osser (oben)

View across Mooshütte to Mt. Osser (top)

Aus Graphit wurden auch Öfen gefertigt (Keramikmuseum in Obernzell) (unten)

Stoves were made of graphite (Ceramic Museum in Obernzell) (bottom)

bis zu Steinen und Erden oder Braunkohle zu Wohlstand zu kommen und Rohstoffe wirtschaftlich zu nutzen, verliefen ziemlich ergebnislos. Die Vorkommen waren zu gering oder der Abbau wurde bald wieder unrentabel, wie zum Beispiel der Graphit-Abbau nordöstlich von Passau („Passauer Tiegel"), weil es anderswo auf der Welt Funde von höherer Qualität oder Erreichbarkeit gab.

Die Granitindustrie spielte lange Zeit eine große Rolle. Es wurden zahlreiche große Steinbrüche betrieben, vor allem bei Metten, Fürstenstein und Hauzenberg. Granit fand früher nicht nur in Burgen und Schlössern, Kirchen und Rathäusern, sondern in großen Bauernhöfen und stattlichen Bürgerhäusern als Türstock, Brunnengrand, Viehtrog oder als Hofplatten und Pflasterung vor Stadt- und Marktplätzen Verwendung. Heute steht die moderne Granitindustrie im Bayerischen Wald trotz neuer Methoden und Techniken der Bearbeitung unter dem großem Konkurrenzdruck aus Ländern wie China, die trotz der weiteren Entfernung billiger anbieten können, da dort die Lohnkosten viel geringer sind.

Noch vor den Steinhauern, den rodenden Bauern, den Holzhauern und den Glasmachern hatten die Eisen-Schmelzer und Hammerschmiede entlang der Zuflussbäche des Regen wichtige erste Handwerksbetriebe im Bayerischen Wald aufgebaut. Sie waren zum Teil Voraussetzung dafür, dass andere Berufe überhaupt ausgeübt werden konnten. Ihre Erzeugnisse, Waffen, bäuerliche Arbeitsgeräte wie Sensen und Äxte, sowie andere Werkzeuge, brachten sie auch mit Saumpferden auf die Märkte.

Die Eisenhämmer im Mittleren und Oberen Bayerischen Wald bezogen ihr Eisenerz aus nahe gelegenen Bergen. Alte Namen wie Bayerisch Eisenstein und Eiserner Hut bei Bodenmais erinnern noch daran. Das Eisen musste erst aus dem Erz heraus geschmolzen und dann mit schweren Eisenhämmern bearbeitet werden. Diese wurden vom Wasser über Mühlräder angetrieben, deren Kraft weiter über hölzerne Zahnräder und Nockenwellen übertragen wurde. Die Erzeugnisse der alten Hammerschmieden waren sehr gefragt, brachten gute Einnahmen und hohes Ansehen für die Hammermeister. Einige Hämmer sind noch erhalten.

Die Blüte der Eisenwerke im Waldgebirge, schreibt Georg Priehäusser, dauerte bis zum Dreißigjährigen Krieg und erholte sich danach gegen die Konkurrenz aus anderen Ländern nicht mehr. Der Erzabbau wurde allein im Silberberg bei Bodenmais bis ins 20. Jahrhundert fortgesetzt.

Vom Beginn des ersten Weltkriegs über die Weltwirtschaftskrise, den Zweiten Weltkrieg und die Nachkriegszeit bis Ende der Sechzigerjahre stagnierte im Bayerischen Wald die Wirtschaft. Die Bevölkerung ging trotz zwischenzeitlicher Auffrischung mit vorwiegend sudetendeutschen Flüchtlingen zurück und drohte zu überaltern. Erst als in den Zentren das deutsche Wirtschaftswunder schon rund 20 Jahre strahlte, kam es auch für diese Region im Grenzland zu einer Wende.

Eine regionale Strukturpolitik mit vielen Fördermaßnahmen leitete ab 1970 eine neue Zeit ein und heute prägen viele moderne Betriebe den Bayerischen Wald.

„Wo die Waldorgel braust ...“

Jahrhunderte lang war der Wald selbst die Lebensgrundlage aller

Die Kulturlandschaft des Oberen wie Unteren Bayerischen Waldes ist von der bäuerlicher Landwirtschaft um die Dörfer, von Wasserläufen und Wiesen, vor allem aber von Wäldern geprägt. In alten Zeiten war der Wald die Basis für das Leben und alles Wirtschaften; heute ist das sanft gewellte Hügelland aus wieder mehr Mischwäldern, wenig Feldern, vielen Wiesen und Bächen die Grundlage für den Tourismus in einer naturnahen und abwechslungsreichen Landschaft. In Zukunft gewinnt auch Holz als nachwachsender Rohstoff an Bedeutung - wertvolles Baumaterial und Biomasse für moderne Heizungen.

Da zidert jed`s Asterl so fromm und so froh, die Berg und die Baamerl, die leuchten nur so; die Waldorgel braust und der Wipfelwind saust, oa Glück und oa Jubel, wo hins`d nur grad schaust. So heißt es im Schlusslied der Waldler-Messe. Das drückt die fromme Gefühlswelt der sonst bei Gefühlen eher sparsamen Bayerwäldler mit so viel Inbrunst aus, dass die Messe bei Hochzeiten, Jubiläen oder Geburtstagen öfter gewünscht wird, als es den gegenüber sentimentaler Natur-Religiosität mehr zurückhaltenden Pfarrern recht ist. Wo das Herz so voller Glück und Jubel ist, da vergisst der Mund fast das gewohnte Jammern: Nur an einer Stelle wird dem Herrgott geklagt: Der Wald is halt so stoanig! Und der Gottesmutter wird versichert: Es grüaßt Di mit uns der ganz' Wald !

Auch bei ihren Festen, Feiern und sonstigen fröhlichen Anlässen singen die Bayerwäldler recht gern aus vollem Halse schmetternd den Refrain ihrer Hymne: Mir san vom Woid dahoam, des merkt a jeder glei . . . , mir san vom Woid dahoam, da Woid is scheeee! Damit ist auch der ganze Wald gemeint, die gesamte Heimatregion, und mit „schee" alles, was ihnen darin liebenswert, vertraut und schön erscheint. Aber der Wald selbst, der Holzacker aus echten Bäumen, ist gewissermaßen der harte Kern, der dieser Landschaft

Wetterfichten am kleinen Arber: Von Wind und Schnee gezeichnete Fichten (Seite 42)

Herbstliche Buchen am, Rauher Kulm (links)

Bizarre Wurzelgebilde im Höllbachgespreng am östlichen Hang des Falkensteins (unten)

Wind and snow left their mark on the spruces of Mt. Kleiner Arber (previous side)

Beeches at Mt. Rauher Kulm (left)

In the „Höllbachgespreng" below Mt. Falkenstein (bottom)

derart den Stempel aufdrückt, dass er ihr auch insgesamt den Namen gibt.

Der Wald ist jener Teil der Landschaft, mit dem sich die Menschen hier identifizieren, seit ihre Vorfahren im Mittelalter angefangen haben, den Wald mit Axt und Säge zu roden (reuten), urbar zu machen und Siedlungen zu bauen. Wer also nur die Bäume im Wald sieht, versteht die Wald-Region nicht. Das klingt kryptisch, aber der Wald ist eben mehr als nur die Summe der Bäume. Er ist fester Bestandteil des traditionellen Lebensgefühls. Auch wenn die Jungen heute den Wald von innen nicht mehr halb so gut kennen wie das Innere eines Automotors oder einer Disco - wo die Angst ausbricht, der Wald stirbt, da geht für alle Bayerwäldler die Welt unter.

Wir Deutschen haben insgesamt ein recht gefühlsbetontes, nahezu mystisches und im Grunde schon irrationales Verhältnis zum Wald. Er stellt auf jeden Fall bei der ganzen Bevölkerung einen hohen Wert dar. Hohe alte Wälder oder mächtige einzelne Bäume wie die germanische Donar-Eiche sind auch in vielen anderen Kulturen der Welt seit jeher als Heiligtümer und Wohnsitz von Gottheiten verehrt worden. Vor deren Erhabenheit und Ewigkeit, sagen Dichter, lernen wir kurzlebigen Menschen erst, klein, demütig und bescheiden zu werden und so andächtig zu beten wie in gotischen Domen.

Einst, als Bäume noch so alt werden durften wie sie konnten, nämlich 300 bis 600 Jahre, da übertraf ihr Lebensalter das der Menschen um ein Vielfaches: Im Natur-Kreislauf von Werden, Wachsen und Vergehen schien der Wald schlichtweg ewig. Wenn allerdings deutsche Männerchöre voll tiefer Inbrunst nach Eichendorff die Frage in den Raum singen: Wer hat dich, du schöner Wald, aufgebaut so hoch da droben?, dann meinen sie damit keinen naturnahen Bauernwald. Der Inbegriff von „schöner deutscher Wald" ist nämlich der von Förstern ordentlich wie Soldaten in Reih und Glied gepflanzte Forst: der gleichartige und gleichaltrige, vor allem sauber aus- und aufgeräumte Wirtschafts-Wald; und auch da möglichst nur der reine sonnendurchflutete Bestand aus hohen Fichten, Tannen oder Buchen, kurz: der Hochwald. Der ist auch ästhetisch sehr schön, aber durchaus kein natürlicher Wald.

Das „Steinerne Meer" am bayerischen Plöckenstein im Winter (oben)

The „Steinerne Meer" (Sea of Rock) near Mt. Bayerischer Plöckenstein in the winter (top left)

Hochwasser in der Wolfsteiner Ohe bei Ringelai (unten)

High tide of the river Wolfsteiner Ohe in Ringelai (bottom)

Schon in den Sechziger- und Siebzigerjahren fielen auch im Bayerischen Wald die Tannen als empfindlichste und erste Bäume dem saueren Regen zum Opfer. Das regte noch kaum jemand auf; denn der Staatsforst selbst hatte im Waldbau den Anteil der Tanne stark reduziert, weil ihr Holz auf dem Markt nicht so gefragt war. Doch obwohl Tannen im Bayerischen Wald schon eine Seltenheit von höchstens noch 5 Prozent ausmachen, wird in der Hymne weiter gesungen: De Madeln, de mir hamm, de machan uns so stolz, san wia de Tannabaam, da draußd im Tannaholz. Nur so schwer zu finden wie Tannen, sind die Madeln nicht.

Ab Ende der Achtzigerjahre gingen durch die deutschen Medien dramatische Alarm-Meldungen über das Waldsterben mit Bildern von abgenadelten und entblätterten Antennen-Wäldern zunächst noch aus dem benachbarten Riesen- und Erzgebirge in Tschechien, das damals noch CSSR hieß. Dann folgten auch Bilder vom Lametta-Syndrom mit hängenden Zweigen an deutschen und bayerischen Wäldern und es hob ein modisches Wehklagen an, allerdings ohne ökologische Konsequenzen. Kaum ein deutscher Showstar versäumte es, sich durch ein gefühlvolles Bekenntnis zu unserem deutschen Wald einen sicheren und billigen Beifall abzuholen. Der Wald starb nicht überall gleichzeitig ab und brach auch nicht gleich großflächig zusammen, weil die abgestorbenen Bäume schnell und diskret entsorgt wurden. Heute redet kaum noch jemand vom Waldsterben, obwohl es nach wie vor weitergeht - auch im Bayerischen Wald.

Es erscheint wie ein Widerspruch dazu, wenn man gleichzeitig liest, dass insgesamt in Deutschland die Waldfläche wächst und weiter Brachflächen aufgeforstet werden, weil die Nahrungsmittel-Produktion für die Landwirtschaft immer unrentabler wird. Da gibt es manche

Vor etwa 50 Jahren noch heißbegehrt als Rohware für die runden Kufen der Schlitten findet es heute nur als Brennholz Verwendung (rechts unten)

Worthless firewood today but much sought after and used to manufacture runners only 50 years ago (bottom right)

Im Sommer geht es den Schafen „an die Wolle“ (links oben)

Windbruch in einer Fichtenkultur (rechts oben)

Sheep are sheared in the summer (top left)

Spruces knocked over by the wind (top right)

Kuppen, auf denen man ohne Schaden für die Landschaft aufforsten kann. Aber im Bayerischen Wald ist dafür die Höchstgrenze nahezu erreicht. Ohne die von Bauern gemähten oder von Rindern und Schafen beweideten Wiesen, ohne die bewirtschafteten Felder zwischen den Wäldern würde nämlich die bisher gepflegte Kulturlandschaft als reiner Wald auch ihren Reiz als Urlaubsgebiet verlieren.

Viele Revierförster im Bayerischen Wald bemühen sich heute, dass auch der hier weit überwiegende Staatsforst und die von ihm betreuten Wirtschaftswälder schön sind. Das forstwirtschaftliche Produktionsdenken im Waldbau ist zwar zur ökonomischen Holznutzung notwendig, lässt sich aber mit ökologischen Erkenntnissen über gesunde und stabile Mischwälder recht gut verbinden.

Ein Bild, wie es für kleine und kleinste landwirtschaftliche Hofstellen im Bayerischen Wald typisch ist (links unten)

Granitener Wassertrog: Auch im Winter wir das eigene Quellwasser benutzt (rechts unten)

A typical small farming house in the Bavarian Forest (bottom left)

Spring water is used all year (bottom right)

Der Falkenstein (1.315 m) nördlich von Zwiesel (oben)

Mt. Falkenstein (1.315 m) north of Zwiesel (top)

In den großen Wirtschaftsforsten des Oberen und Unteren Bayerischen Waldes also in den Naturparken - zum Beispiel rund um den Arber, Hohen Bogen, Osser, Dreisessel oder Haidel - setzt man heute überwiegend auf die natürliche Verjüngung und vermeidet Kahlschläge mit einheitlicher Nachpflanzung. Ein nach Baumarten gemischter und nach Baumalter abgestufter Wald mit wildfreundlichen Obst- und Weichhölzern, Sträuchern und Stauden in Lichtungen oder an Waldrändern, das ist heute fast die Regel, zumindest bereits das Ziel. Dafür ist viel berechtigte Kritik an den Fichtenholz-Plantagen oder anderen für Käferbefall, Sturm- und Schneebruch sehr anfälligen Monokulturen im Staatsforst nötig gewesen und ein zäher Kampf idealistischer Naturfreunde, Privatwaldbesitzer und Ökologen. Aber das hat schließlich die Wälder nach Generationen wieder verändert.

Der ökologische Umbau eines Waldes, auch eines Wirtschaftswaldes dauert lang. Aber wer den Wald wirklich schätzt oder gar liebt, kann heute über ihn kaum irgendwo soviel lernen wie im Bayerischen Wald beim Wandern und Rasten mit offenen Augen. Diese Wälder sind kein Dom und weder Urwald noch echter Naturwald. Aber sie werden naturnäher und damit widerstandsfähiger gegen Sturm- und Schneebruch, gegen Käfer und Waldbrand. Die Wanderer werden sie auch wieder ästhetisch schön finden.

In den Auen der Donau und ihrer Zuflüsse Regen, Ilz und Erlau dominierte naturgemäß immer der Laubwald, in den mittleren Lagen bis 1000 Meter Höhe dagegen entwickelte sich der klassische Bergmischwald aus Fichte, Tanne, Buche, und Ahorn. In den Gipfelregionen über 1000 Metern Höhe können nur Bergfichte, Latschen-Kiefer und Vogelbeere überleben. Auwälder sind an der Donau nur noch auf kleinen Restflächen und eher an ihren Zuflüssen erhalten.

Die Durchmischung der in den Hanglagen dominierenden Bergfichten mit Laubbäumen wird zweimal im Jahr weit sichtbar: im Frühjahr mit den frischen hellen Grüntönen der Buchen und anderer

Der oft abgebildete „Richard-Wagner-Kopf" am Arber im Winter und Sommer

The famous „Richard-Wagner-Head" at Mt. Arber in winter and in summertime

Laubbäume, Sträucher und Stauden, die nach und nach dunkler werden; vom Früh- bis Spätherbst heben sich die Mischwälder wieder mit den nacheinander gelb, orange, rot und braun leuchtenden Feuerfarben welkender Blätter von dem dunklen reinen Bergfichtenwald ab. Schwarz wirkt der Wald auch, wenn Nebel dampfend aus den Wiesen steigen oder wenn sich in der Dämmerung von oben bläulich graue Dunstschleier über die Hügelketten legen, die am Horizont hinter einander wie Stifters Waldwogen verschwinden.

Die über 1500 Jahre alte Staatsgeschichte der altbayerischen Stammlande und somit auch deren Landesgrenze zu Böhmen gehört zwar zu den ältesten der Welt. Aber im Vergleich zum Alter des Grundgesteins entlang der Grenze quer durch Felsgipfel und Bergkämme mit den darauf entstandenen Wäldern ist das nur ein erdgeschichtlicher Wimpernschlag. Doch dass der Wald - ganz abgesehen vom Ertrag an Holz, Jagdpachten und Steuern- dem ganzen Volk gehört, dass daher seine übrigen Früchte und sein ideeller Nutzen allen Bürgern zugänglich sein und zur freien Verfügung stehen müssen, das ist erst seit 1946 in der Bayerischen Verfassung verankert. Aber in der Volksseele des absolut waldreichsten Bundeslandes Bayern und erst recht im Bayerischen Wald ist seit jeher bis heute die Überzeugung tief verwurzelt: Nicht das Holz, aber der Wald gehört dem Volk.

Jahrhundertelang haben die Menschen hier mit dem Wald und vom Wald gelebt. Das begann mit dem mühseligen Abholzen und Abtransportieren des Holzes mit Zugpferden oder Schlitten, dem Ausgraben der Wurzeln und Umpflügen des Bodens, mit dem Bau von Wegen und den ersten Blockhütten. Die Nutzung des Waldes reichte dann von Bau- und Möbelholz bis zum Brennholz und vom Holzhauen und -ziehen bis zum Triften oder Flößen in den Kanälen, Bächen und Flüssen. Nicht nur zum Arbeiten, auch zum Zapfen und Brennholz aufklauben, Beerensammeln oder Schwammerlsuchen gingen die Leute früher in den Wald, die Männer sogar zum verbotenen, barbarisch bestraften Wildern.

Der Wald schützt und ernährt die Menschen dieser Region heute wie eh und je, doch zum Teil in anderer Weise als in den alten Zeiten. Nicht viel anders als früher ist heute seine Bedeutung als Schutz vor Erosion und

Verkarstung des Felsgesteins, als Sauerstoff-Lieferant und Wasser-Reservoir, das die Niederschläge wie ein Schwamm aufsaugt, zurückhält und nur allmählich in die Quellen abgibt. Der Wald ist noch wichtiger geworden, weil künstliche Eingriffe wie Drainagen von Hangwiesen und Begradigung vieler Bäche das rasante Auflaufen von Hochwässern und schnelle Überschwemmungen begünstigen.

Zusätzlich haben weitere Funktionen des Waldes stark an Bedeutung gewonnen: als gesundes und stabiles Ökosystem, als schönes naturnahes Erholungsgebiet, mit markierten Wegen oder Lehrpfaden, die für jedermann kontrolliert zugänglich sind.

Die Menschen in städtischen Ballungsräumen sind meist der Natur entfremdet oder kennen sie nur aus zweiter Hand in gärtnerisch gepflegten Grünanlagen und Stadtparks. Umso wichtiger wird es insbesondere für die Kinder, den Wald in den Ferien locker und spielerisch zu erleben und Natur und Umwelt verstehen zu lernen. Das sind auch Ziele der Naturparke und des Nationalparks im Bayerischen Wald und sie werden bewusst pädagogisch aufbereitet.

Der Hirschenstein (1.097 m) im Winter, rechts der eingeschneite, steinerne Aussichtsturm (oben)

Mt. Hirschenstein (1.097 m) in the winter with the lookout tower (top right)

Der Wald ernährt die Menschen der Region heute nicht nur indirekt über seinen ökologischen und touristischen Wert und auch direkt wie früher mit Wildbret, Beeren und Pilzen, sondern er bleibt nach wie vor ein wertvoller Lieferant sowohl für vielseitig verwendbares wertvolles Nutzholz als auch für Brennholz. Holz wird als nachwachsender Rohstoff vor der Haustüre und als Biomasse immer wichtiger. Fossile Brennstoffe wie Öl und Kohle gehen zu Ende. Sie werden auch immer teuerer und sie belasten die Umwelt mit CO_2 Ausstoß. Energie und Baumaterial aus nachwachsenden Rohstoffen sind gerade auch für den Schutz unserer Umwelt notwendig. Das bei manchen Naturschutz-Funktionären stark verbreitete abwertende Gerede gegen den als Förster-Wald verspotteten Wirtschaftswald ist deshalb so eine pure Dummheit. Nicht überall kann ja der Wald Nationalpark sein - ohne jeden wirtschaftlichen Nutzen. Vielmehr brauchen wir den Wald auch, um ihn zu ernten, nämlich zu fällen und neu wachsen zu lassen.

Die heutigen Wälder der Region Bayerischer Wald stellen das Verhältnis von Mensch und Wald ökologisch wie ökonomisch wieder auf realistische Füße: höchster Naturschutz, daneben nachhaltige Rohstoff-Nutzung und dazu Erholung für die Menschen. Das ergibt auf lange sicht ein Gesamtbild, von dem man hier wieder, wenn auch ganz anders als früher sagen kann: Das ist kein Wald wie sonst einer! Und trotzdem wird er auch wieder ein Wald fürs Auge werden: Da Woid is schee! - und dabei bleibt`s!

Der Latschensee im Latschenfilz (1.120 - 1.170 m) im erweiterten Nationalparkgebiet (unten links)

The Latschensee, Latschenfilz (1.120 - 1.170 m), in the National Park (left)

Was ist Natur-, was Kulturlandschaft?

Ein Wirrwarr von Begriffen über Schutzgebiete wuchert im Wald

Das kann für Urlauber ganz schön verwirrend sein und für Einheimische ist es auch oft schwer durchschaubar: Es gibt in der gleichen Region einen Nationalpark Bayerischer Wald, der den höchsten Naturschutz garantiert und zum Teil auch Biosphärenreservat ist. Daneben gibt es zwei Naturparke, darin einige Landschaftsschutzgebiete, zusätzlich noch Naturschutzgebiete und Naturdenkmäler in den Naturparken, jedoch außerhalb des Nationalparks. Das ganze Gebiet wird zugleich als eine naturnahe Kulturlandschaft bezeichnet. Wer kennt sich da noch aus? Den Unterschied kennen nur Experten. Aber alle diese Etiketten eignen sich recht gut als Werbung für ein attraktives Urlaubsland mit schöner Landschaft

Nahezu die gesamte Fläche des Bayerischen Waldes ist - mit nur kleinen Ausnahmen - ein Naturpark. Aber was ist das? Für Tourismus-Manager und Kommunal-politiker ist das auf jeden Fall besonders praktisch, denn darin darf der Mensch nach wie vor fast alles. Das gleiche gilt für Landschaftsschutzgebiete, die ebenfalls nicht einmal einen Bauern stören, weil es weder für Ackerbau und Viehzucht noch für Holzeinschlag irgendwelche Beschränkungen gibt. Für die Ausweisung von Bau- oder Gewerbegebieten sind die Auflagen bezüglich Lärmschutz, Abgasen, Abwässern und Baugestaltung in einem Naturpark auch kaum anders als sonst.

Da in beiden Naturparken im Bayerischen Waldauf über 48 Quadratkilometern Wald und Wiesen vorwiegend Einrichtungen für den Tourismus geschaffen und gefördert werden, sind die Urlaubsgäste letztlich die Nutznießer des Wirrwarrs an Schutzgebieten. Zumindest können sie hier sicher sein: Wo Landschaft draufsteht, ist auch eine drin. Für die Erhaltung der verschiedenen Formen einer Natur- und Kulturlandschaft wird viel getan.

Der Begriff Kulturlandschaft klingt gut, sollte aber nicht verwechselt werden mit einer Gegend, in der viele Opern, Theater, Konzertsäle und Kunstmuseen stehen, wo zahlreiche Kunstschätze in Schlössern und Galerien Kirchen und Klöstern, zu sehen sind oder mehr Leute Klavier spielen und malen können als in anderen Landesteilen. Obwohl ja wiederum dies alles auch in einer Kulturlandschaft vorkommen kann. Und mit Ausnahme von Opernhäusern kommt das in weiten Teilen des Bayerischen Waldes wirklich vor. Aber jetzt im Ernst: Kulturlandschaft ist eben das Gegenteil von Naturlandschaft, die es fast nirgends mehr gibt, allenfalls noch naturnahe Landschaften.

Das Wort cultivare, lernt der Lateinschüler von den alten Römern, bedeutet bearbeiten, urbar machen, (aus)bilden und pflegen. Die Entstehung der Kulturlandschaft zwischen der Donau und den bayerischen Grenzbergen zu Böhmen begann also schon damals, als die ersten Mönche, Landpfleger und Siedler begannen, den Nordwald zu kultivieren: Sie haben Rodungen angelegt, das Land urbar und forst- oder landwirtschaftlich nutzbar, sowie als dauerhaften Lebensraum für Mensch und Haustier bewohnbar gemacht. Nach dem jeweiligen Fortschritt der Agrar- und Bau-Techniken wurde das Land bebaut, bearbeitet, gestaltet, gepflegt und auch mit Kunstwerken immer mehr verschönert.

Somit ist klar: Der gesamte Bayerische Wald wird zu Recht bäuerlich geprägte Kulturlandschaft genannt. Sie wurde der Natur von Menschen abgerungen und mit deren Siedlungen, alten Burgen, Schlössern und Kirchen bebaut. Aber auch viele Museen, moderne Galerien und Kulturveranstaltungen zeugen davon, dass mit Kultur hier nicht nur die Landwirtschaft gemeint ist, von der die Landschaft am stärksten kultiviert wird.

Die so genannten Urwäldern waren selbst einmal eine Kulturlandschaft, denn sie sind schon - zumindest versuchsweise kultiviert, zur Holznutzung erschlossen und bearbeitet worden, bevor man sie vor ca. 150 Jahren wieder der Natur überließ. Auch heute ist der Nationalpark trotz seiner eingeschränkten Nutzungsarten immer noch eine Kulturlandschaft, denn er wird weiterhin zumindest für touristische oder wissenschaftliche Zwecke bearbeitet und einschließlich seiner Wege oder Loipen gepflegt, seine Tier- und Pflanzenwelt wird geschützt, betreut, ernährt und kontrolliert.

Ziele, Gebote und Verbote in Nationalparken sind im Bayerischen Naturschutzgesetz noch am präzisesten definiert. Dafür kommen nur Landschaftsräume in Frage, die wegen ihres ausgeglichenen Naturhaushalts, ihrer Bodengestaltung, ihrer Vielfalt oder ihrer Schönheit überragende Bedeutung besitzen und eine Mindestfläche von 10 000 Hektar haben sollen. Außerdem müssen sie einige Voraussetzungen aufweisen, die auch für ein Naturschutzgebiet geboten sind, das nur eine kleinere Fläche hat, aber sonst fast identisch ist. Dazu gehört laut Gesetz,

Über den Ecker Sattel geht der Blick zum Arber (S. 50)
Weg vom Gfällparkplatz zum Rachelsee (links)
Blick auf Steinbühl (Mitte)
Tief verschneiter „Winterweg" zum Lusen (rechts)

dass ein besonderer Schutz der Natur und Landschaft als Ganzes oder in Teilen zur Erhaltung von Lebensgemeinschaften oder Lebensstätten bestimmter wildwachsender Pflanzen oder wildlebender Tierarten erforderlich ist.

Der besondere Schutz der Natur kann ferner auch aus ökologischen, wissenschaftlichen, naturgeschichtlichen oder landeskundlichen Gründen für bestimmte Gebiete geboten sein sowie auch wegen ihrer Seltenheit, besonderen Eigenart oder hervorragenden Schönheit. Alle diese Kriterien eines Naturschutzgebietes treffen ohne Zweifel auch auf die gesamten Flächen beider Teile des Nationalparks Bayerischer Wald zu.

Nationalparke, so heißt es im Gesetz weiter, dienen vornehmlich der Erhaltung und wissenschaftlichen Beobachtung natürlicher und naturnaher Lebensgemeinschaften sowie eines möglichst artenreichen heimischen Tier-und Pflanzenbestands. Sie bezecken keine wirtschaftsbestimmte Nutzung. Aber soweit es der Schutzzweck erlaubt, sind Nationalparke der Bevölkerung zu Bildungs- und Erholungszwecken zu erschließen. Jedoch sind innerhalb wie außerhalb eines Nationalparks alle Handlungen verboten, die zu einer Zerstörung, Beschädigung oder Veränderung des Naturschutzgebietes oder seiner Bestandteile oder zu einer nachhaltigen Störung führen können. Damit sind auf dem Papier klare Verhältnisse geschaffen. Zu welchen Interessenkonflikten aber auch das geführt hat, wird im Kapitel über den Nationalpark Bayerischer Wald erzählt.

Was freilich viele nicht wissen, die nicht ständig damit zu tun haben, ist, was mit einem Biosphärenreservat gemeint ist. Biosphärenreservat hört sich für die einen vielleicht an wie eine höhere Sphäre, etwa beim Ozonloch. Andere meinen vielleicht, ein Biosphärenreservat brächte ihnen ein Schicksal wie das der unterdrückten und in Reservate gesperrten Indianer Nordamerikas, die dort nur in ihren Stammestrachten Kriegstänze aufführen und sich Pfeife rauchend fotografieren lassen dürfen. Vielleicht haben es deshalb örtliche Politikern unterlassen, trotz angebotener Fördermittel Biosphärenreservate zu fordern, um nicht neue Ängste vor Einschränkungen und Verboten auszulösen. So fällt es auf, dass der neue Teil des Nationalparks Bayerischer Wald noch nicht als Biosphärenreservat ausgewiesen ist, der alte Teil hingegen schon, so wie auch der Nationalpark Berchtesgaden.

In Wirklichkeit kommt jedoch dem Denken der Bayerwäldler ein Biosphärenreservat näher als ein reiner und streng gehandhabter Nationalpark. Bei einem solchen Schutzgebiet handelt es sich nämlich nach den bundesweiten Leitlinien zwar auch um großflächige, repräsentative Ausschnitte von Natur- und Kulturlandschaften, die zum überwiegenden Teil ihrer Fläche unter gesetzlichem Schutz stehen. Aber in ihnen werden gemeinsam mit den hier lebenden und wirtschaftenden Menschen beispielhafte Konzepte zu Schutz, Pflege und Entwicklung erarbeitet und umgesetzt.

Across Ecker Sattel one can see Mt. Arber (previous page)
Path from the Gfälll car parking to Lake Rachel (left)
View to Steinbühl east of Kötzting (Middle)
The path to Mt. Lusen, known as „Winterweg" (right)

verfahren, im alten Teil hingegen nicht, obwohl er doch Biosphärenreservat ist. In ihm sind menschliche Eingriffe überall verpönt, wo sie ideologisch nicht in den Kram passen.

Zu erwähnen ist im Zusammenhang mit den Begriffen, die einem in Landschaften des Bayerischen Waldes häufig begegnen, auch der des Naturdenkmals. Als Naturdenkmal geschützt werden können Einzelschöpfungen der Natur, deren Erhaltung wegen ihrer hervorragenden Schönheit, Seltenheit oder Eigenart oder ihrer ökologischen, wissenschaftlichen, geschichtlichen, volks- oder heimatkundlichen Bedeutung im öffentlichen Interesse liegt. Das ist immerhin ziemlich präzise und wird noch weiter konkretisiert: Dazu gehören insbesondere charakteristische Bodenformen, Felsbildungen, erdgeschichtliche Aufschlüsse, Wanderblöcke, Gletscherspuren, Quellen, Wasserläufe, Wasserfälle, alte oder seltene Bäume und besondere Pflanzenvorkommen. Da dürfte wohl kaum ein Naturdenkmal angesprochen sein, für das es im Bayerischen Wald, meist innerhalb der Naturparke, nicht mehrere hervorragende Beispiele gibt. Sie alle aufzuzählen, würde jedoch zu weit führen.

Bäuerlich geprägte Kulturlandschaften und landschaftliche Schönheiten sollen auch mit Naturparken in geographisch möglichst einheitlichen Naturräumen erhalten werden. Was ist das nun wieder im Unterschied zu den anderen Begriffen von Schutzgebieten? Naturparke gibt es im landschaftlich schönen alten Agrarland Bayern - wen wundert's? - gleich 16, davon zwei im Bayerischen Wald.

Kultur- und Naturlandschaft bei Kirchl, links der Lusen (oben)

Artificial- and natural landscape in Kirchl near Mt. Lusen (top)

Sommerrodelbahn in Grün bei St. Englmar (unten)

Toboggan run for the summertime near St. Englmar (bottom)

Der entscheidende Unterschied zu reinen Nationalparken, insbesondere denen auf riesigen menschenleeren Flächen in anderen Kontinenten, ist somit der Faktor Mensch. Biosphärenreservate erfordern nämlich nicht, diese Natur- oder Kulturlandschaften als vom Menschen weitgehend unbeeinflusste Schutzgebiete zu erhalten. Im Gegenteil: Menschliche Tätigkeiten bilden hier sogar die Grundlage für die langfristige Erhaltung einer Kulturlandschaft, in der Nutzungen vereinbar sind mit dem Erhalt der natürlichen Lebensgrundlagen. Notwendig sind hier also Nutzungsformen, die sowohl wirtschaftlich tragfähig als auch nachhaltig sind.

Der Mensch wird in diesem Sinne gefordert: Er soll bei der Bewirtschaftung und ökologisch orientierten Regionalentwicklung des Biosphärenreservats aktiv mitwirken. Im Nationalpark Berchtesgaden ist dies alles auch konsequent eingehalten worden, im neuen Teil des Nationalparks Bayerischer Wald wird großteils auch so

Der Bärwurz, Grundstoff für den gleichnamigen Schnaps (oben)
Die „Rauchröhren" (rechts)

The „Bärwurz", a medicinal plant and the raw material for the schnapps of the same name (top)
The „Rauchröhren" (smoke tubes) (right)

Der erste in der Region war der Naturpark Oberer Bayerischer Wald, der eigentlich ursprünglich nur deklariert wurde, um einen großen Truppenübungsplatz zu verhindern. Dieser Naturpark umfasst den gesamten Landkreis Cham sowie den östlichen Teil des Landkreises Schwandorf und ist mit 179 600 Hektar einer der größten in Bayern; mit den insgesamt 936 Hektar Naturschutzgebieten darin und auch vielen Denkmälern alter und neuerer Kunst und Kultur ist er auch einer der wertvollsten Naturparke in Deutschland. Sein Informations-Zentrum ist in Cham.

Erst wesentlich später wurde südlich davon der Naturpark Bayerischer

Wenn eine Landschaft autogerecht gestaltet wird: Neubau der „Nationalparkstraße“ von Schönbrunn noch Waidhütte (um 1970, hinten der Lusen) (oben)

A landscape is adapted for use by cars: construction of the National Park road from Schönbrunn to Waidhütte in 1970 (top)

Neu angelegter Weg über dem Grillabachtal südlich von Freyung (rechte Seite)

Newly built path across Grillabach valley south of Freyung (opposite page)

Wald gegründet. Der reicht vom Vorwald nördlich der Donau bis zur tschechischen Grenze und er ist mit 307.700 Hektar der größte Naturpark in Deutschland. Im Vorfeld des Nationalparks erstreckt er sich fast komplett über die Landkreise Regen und Freyung-Grafenau sowie über Teile der Landkreise Deggendorf, Straubing-Bogen und Passau.

Auch dieser Naturpark hat eine Reihe von wertvollen Naturdenkmälern, sowie eigenen Natur- und Landschaftsschutzgebieten, abgesehen vom Nationalpark. Schöne Landschaften, Wasserläufe und Berggipfel mit herrlichem Ausblick werden ergänzt von einer Reihe prächtiger Zeugnisse menschlichen Kultur- und Kunstschaffens. Was die Einheimischen optisch als teure Heimat lieben, ist gerade für Urlaubsgäste aus Großstädten eine Erholungs-Landschaft, die dem Auge wohltut. Die Infozentren des Naturparks Bayerischer Wald sind in Zwiesel und Bayerisch Eisenstein.

Was bedeutet nun die Ausweisung dieser Gebiete als Naturpark? Allein die immense Größe dieser Naturräume und ihre alte Besiedlung sagen aus, dass im Unterschied zu einem Nationalpark der Naturschutz nicht so sehr bestimmend sein kann. Als Naturparke geeignet sind laut Gesetz großräumige, der naturräumlichen Gliederung entsprechende Gebiete von mindestens 20 000 Hektar Fläche, die bereits überwiegend als Landschaftsschutzgebiete festgesetzt sind. Sie sollen sich wegen ihrer landschaftlichen Voraussetzungen für umweltverträgliche Erholungsformen besonders eignen und des Weiteren ihrem Zweck entsprechend durch einen Träger entwickelt und gepflegt werden. Recht viel unverbindlicher kann man es kaum mehr formulieren, denn was umweltverträgliche Erholungsformen und naturverträgliche Landnutzungen sind, darüber gehen halt überall die Meinungen weit auseinander.

Was aber sind Landschaftsschutzgebiete, die ja überwiegend in einem Naturpark bereits vorhanden sein sollen? Als solche können nach dem Gesetz Gebiete festgesetzt werden, in denen ein besonderer Schutz der Natur und Landschaft oder besondere Pflegemaßnahmen erforderlich sind. Und zwar: zur Erhaltung oder Wiederherstellung der Leistungsfähigkeit des Naturhaushalts oder der Nutzungsfähigkeit der Naturgüter; ferner auch wegen der Vielfalt, Eigenart oder Schönheit des Landschaftsbilds sowie wegen der besonderen Bedeutung dieser Gebiete für die Erholung.

In den Rechtsverordnungen, in denen solche Landschaftsschutzgebiete festgesetzt werden, sollen alle Handlungen verboten werden, die den Charakter des Gebietes verändern oder dem besonderen Schutzzweck zuwider laufen. Auch darüber lässt sich in vielen Zweifelsfällen zwischen Gewerbetreibenden, Naturschützern und Tourismusmangern recht gut streiten. In der Praxis sind in Naturparken wie in Landschaftsschutzgebieten nämlich so gut wie keine bäuerlichen, gewerblichen oder touristischen Nutzungen verboten - außer neue Truppenübungsplätze, Flughäfen oder andere störende Großvorhaben.

In vielen Prospekten oder Broschüren der Tourismus-Werbung wird von den Autoren mit diesen zugkräftigen Etiketten fast nach Belieben jongliert. Viele verwenden die Begriffe Nationalpark und Naturpark gerne als bloße Abwechslung im Ausdruck, als ob sie dasselbe bedeuten würden und ohne sie zu erklären. Alle Begriffe eignen sich sehr gut als Urlaubs-Werbung. Denn: Natur und Landschaft sind immer positiv besetzt.

Aber auch das strengste Naturschutzgesetz lockt Urlauber nicht in den Bayerischen Wald, wenn ihnen die Landschaft, die Städte und die Menschen nicht gefallen.

Nationalpark als Museums-Natur?

Das Schutzgebiet um die Grenzberge ist mehr als eine Arche Noah

Deutschland hat zehn Nationalparke, zwei davon in Bayern: im Bayerischen Wald und in Berchtesgaden. Als erster wurde 1970 der im Bayerischen Wald errichtet - um die Grenzberge Rachel und Lusen. Der wurde 1997 um das nördlich angrenzende Waldgebiet am Falkenstein auf eine Fläche von jetzt insgesamt 24 000 Hektar erweitert. Rücken an Rücken mit ihm entlang des tschechischen Grenzkammes liegt der Böhmerwald-Nationalpark Sumava. Heute ist Deutschlands größter Wald-Nationalpark die beliebteste Touristen-Attraktion der Bayerwald-Region, aber bei den Einheimischen noch umstritten. Das Ziel, Natur einfach Natur sein zu lassen, erfordert nach Jahrhunderten intensiver Nutzung des Waldes von den Menschen tiefgreifendes Umdenken.

Ein Nationalpark ist nicht mehr als eine Arche Noah, die möglichst von jeder Art einem Paar das Leben in der freien Natur sichern soll - für unsere Kinder und Enkel. Gönnen wir sie ihnen doch! So schrieb der Natur-Publizist und Fernseh-Autor Horst Stern 1983 in einem Nationalpark-Bildband des Morsak Verlages. Daran hat sich bis heute nicht viel geändert. In den Zeiten wachsender Wirtschaftskraft und steigenden Wohlstands in Deutschland konnte man noch leichter Großzügigkeit gegenüber relativ kleinen Naturreservaten auf Flächen ohne wirtschaftliche Nutzung erwarten. Bei jedem sinkenden Wachstum nimmt das Verständnis für ungenutztes Wachsen und Vergehen ab.

Dazu gehört etwa, dass man schöne alte Bäume mit so wertvollem Holz verrotten lässt, statt es teuer zu verkaufen. Gerade darum ist dieser Wald-Nationalpark vor und auf den Grenzbergen kein Wald wie sonst einer, sondern doch etwas Besonderes. Nur im Wald eines Nationalparks lässt man die Bäume nämlich eines natürlichen Todes sterben, unter Wind und Witterung zusammenbrechen damit sie dann von

Der Lusen im Winter (Seite 58)

Mt. Lusen during winter (previous page)

Der Kohlschachten, nördlich vom Latschen-filz (links)

The Kohl-Pasture north of Latschenfilz (links)

Erster Rauhreif auf dem Latschenfilz (rechte Seite)

The „Latschenfilz" in white frost (opposite page)

Schwämmen, Moosen und Käfern zu Humus verarbeitet werden, aus dem junge Triebe zu einem neuen Wald herauswachsen.

In einigen Bereichen, etwa am Südhang des Rachel und auf mehreren Flächen im Westen des Falkenstein, sind kleine Waldflächen seit über 120 Jahren schon vom Staatsforst unter Naturschutz gestellt worden, auch am Arber außerhalb des Nationalparks. Hier durfte der Wald sich ohne planvoll pflanzende, pflegende und erntende Hand eines Försters weiter entwickeln und seither allmählich von allein renaturieren. Heute nennen wir diese Teile sich selbst überlassener Waldkulturen stolz Urwälder, obwohl sie keine echten mehr sind. Dennoch ist dort jeder Mensch beeindruckt, der die bis zu 500 Jahre alten Fichten und Tannen sieht, 50 Meter hohe Bäume mit zwei Metern Durchmesser und 40 Kubikmetern Holz, die von 5-6 Männern kaum umspannt werden können.

Holzfachleute, denen soviel Verschwendung von Volksvermögen an die Natur nicht einleuchten will, vergessen aber dabei: Ohne diese alten Naturschutzgebiete gäbe es die sogenannten Urwälder mit so prächtigen und starken Fichten, Tannen oder Buchen überhaupt nicht mehr. Diese wertvollen alten Bäume wären schon längst abgeholzt und verwertet, wenn sie nicht vom Naturschutz - jetzt im Nationalpark - als wilder Wald vor wirtschaftlichem Zugriff gesichert wären.

Grenzenlose Waldwildnis, Wald erleben, Natur verstehen, spielend die Natur begreifen so lauten heute Werbe-Slogans im Nationalpark. Damit will die Verwaltung nicht nur Touristen aus ganz Deutschland und Europa in dieses älteste und bekannteste Schutzgebiet locken, denn die kommen fast von allein. Vielmehr versuchen die Förster dort bei den Besuchern und noch mehr bei den Einheimischen Verständnis zu wecken für die Ziele eines solchen Schutzgebietes von nationalem Rang.

Der Begriff Nationalpark ist international definiert und umfasst festgelegte Ziele: dazu gehört als erste Grundvoraussetzung, dass das Gebiet eine herausragende Natur- oder Kulturlandschaft von nationaler Bedeutung darstellt; ferner muss der höchstmögliche Schutz dieser Landschaft von der obersten zuständigen Staatsbehörde gewährleistet werden. Weitere, diesem untergeordnete Nationalpark-Ziele sind Natur-Forschung, Natur-Bildung und Erholung in der Natur. Daher ist es überall notwendig, weitgehend auf wirtschaftliche Nutzung zu verzichten und in den empfindlichsten Bereichen auch absolute Schutzzonen auszuweisen. Die touristische Nutzung ist auf eigene Bereiche zu konzentrieren und die Besucherströme sind mit Wegen und Gehegen, Lehrpfaden und Demonstrations-Stegen oder auch anderen Informations-Einrichtungen so zu lenken, dass der Mensch auch in Massen möglichst wenig Schaden anrichten kann.

Das liest sich schön und hört sich gut an, aber in der Praxis wird dann an allen Ecken und Enden deutlich, dass ein Nationalpark vor allem eine große Herausforderung

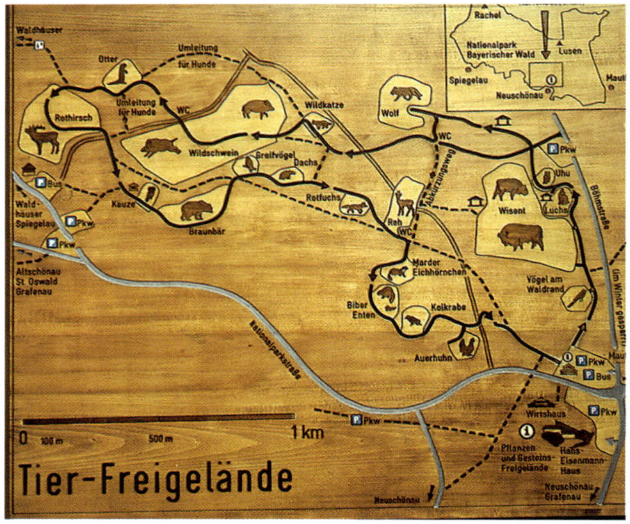

Über Holzstege werden die Besucher durch das Hochmoor geführt (links)
Im Nationalpark ist alles gut beschildert und erklärt. (oben)

Der Auerhahn ist selten geworden (unten)
Bären, Wölfe und Luchse in den Gehegen des Nationalparks (rechte Seite von oben nach unten)

Footbridges guide visitors through the marshlands. In the National Park everything is well sign posted (left)
Bears, wolfs and lynxes in the preserves of the National Park
(opposite page from top to bottom)
The capercaillie is rare

darstellt. Er verlangt nämlich ein schwieriges Umdenken in den Köpfen, weil er die Gewohnheiten aller Einheimischen und die speziellen Interessen vieler Gruppen gegen den Strich bürstet. Im Mittelpunkt unserer Politik steht der Mensch! heißt die Parole bei allen Parteien. Aber in einem Nationalpark steht die Natur im Mittelpunkt. Der Mensch als Gast auf diesem Teil der Erde muss sich entsprechend verhalten: sehen, staunen, lernen und sich erholen auch vom Stress seines Zwangs zu wirtschaftlichem Denken und Geldverdienen.

Im Bayerischen Wald war am Anfang die Begeisterung für einen Nationalpark groß und die Erwartung an ihn weit höher als die Kenntnis dessen, was ein Naturschutzgebiet in der Praxis an Einschränkungen mit sich bringt. Man sah erst nur die Aufwertung für die abgelegene Waldregion an der Grenze zum Eisernen Vorhang und eine kräftige Werbewirkung für den Fremdenverkehr. Yellowstone, Serengeti, Galapagosinseln und andere berühmte große Nationalparke Amerikas und Afrikas waren in den Köpfen die Vorbilder. Von deren Bildern aus dem Fernsehen waren ebenso die Vorstellungen der ersten Besucher geprägt: Man geht oder fährt hinein und hindurch und anstelle von Elefanten, Löwen, Gazellen und Giraffen grüßen hier im Wald-Nationalpark beidseits der Straße die Bären, Luchse und Wölfe oder Herden von Hirschen und Wieselten.

In den Sechzigerjahren haben Bevölkerung und Politiker in den Landkreisen Freyung und Grafenau energisch für die Errichtung eines Nationalparks gekämpft und sogar in München demonstriert, bis der Bayerische Landtag 1969 das Gesetz zur Errichtung des Nationalparks Bayerischer Wald beschloss. Gerade noch vor der Landtagswahl 1970 sind die ersten eilig gezimmerten Tiergehege fertig geworden für eine medienwirksame Eröffnung mit Ministerpräsident Goppel und Forstminister Eisenmann. Letzterer musste aber lange Zeit viel Charakterstärke und Rückgrat aufbieten, um die Nationalpark-Ziele auch gegen Proteste und politische Widerstände durchzusetzen. Darum wurde das Informationszentrum in Neuschönau mit Recht Hans-Eisenmann-Haus genannt.

Tatsache ist jedoch, dass weder die Forderer noch die Förderer des ersten Nationalparks, aber ebenso wenig die mit seiner Errichtung beauftragten Förster eine genaue Ahnung hatten, was alles zu den Kriterien und Zielen eines Nationalparks gehört. Es gab ja hier keine Erfahrungen. Der Vorsitzende des Bundes Naturschutz, Hubert Weinzierl, hat damals aus Ungeduld auf eigene Faust im Nationalpark Wildkatzen und Murmeltiere ausgesetzt. Aber die Murmler aus den Alpen haben im Bayerischen Wald keine Heimat gefunden, weil sie hier nie eine hatten.

Als ernüchternde Erkenntnis erfuhren die neu eingesetzten Nationalpark-Förster auf Studienreisen, dass das neue Schutzgebiet im Bayerischen Wald mit damals rund 13 000 Hektar Wald im Vergleich mit den Parks in Afrika, den USA oder Kanada nur ein Schrebergarten war. Aber selbst für ein so kleines Gebiet wurde es ein Problem, die wirtschaftliche Nutzung zu reduzieren. Schon bald nach der Eröffnung setzten erste Enttäuschungen und

Irritationen über einige unerwartete Einschränkungen ein: bei Jägern und Sägern, Fischern und Touristikern, letztlich bei weiten Kreisen anwohnender Einheimischer. Zuerst und anhaltend waren die Jäger empört über das Jagdverbot im Nationalpark. Noch dazu, wo gleichzeitig das zu stark vermehrte Rotwild (Hirsche) und Schwarzwild (Wildschweine) ökologisch ausgewogen, aber nicht waidgerecht mit Abschuss in den Wintergattern und an Fütterungen durch Berufsjäger reduziert wurden. Die nächsten Proteste löste dann die schrittweise Reduzierung des Holzeinschlags im Nationalpark bei den Sägewerken aus.

Ein weiterer Konflikt beruhte auf der alten bayerischen Erkenntnis: Da Mensch is guat, aber d'Leit san schlecht. Bei einem Zustrom von bis zu einer Million Besuchern im Jahr wurde auch in besonders wertvollen Teilgebieten ein Wegegebot notwendig, damit nicht die querfeldein wandernden, reitenden oder radelnden Urlauber die zu schützende Natur zertrampeln. Diese Gefahr bestand ja bisher bei der geringen Zahl der durch den Wald streifenden Einheimischen und den wenigen Urlaubsgästen nicht. Aber umso empörter waren die Anwohner, als sie nicht mehr quer durch den Wald an

altgewohnte Schwammerlplätze oder Beerenschläge im Nationalpark laufen durften. Fehlendes Fingerspitzengefühl und obrigkeitsstaatliche Prinzipienreiterei der damaligen Parkleitung taten ein Übriges, um einen großen Teil der Einheimischen zu verärgern und gegen diese Grossert-Schandarm aufzubringen: Alles brauch ma uns aa grad net gfalln lassen! Immerhin wurden die für den Tourismus nützlichen Einrichtungen schließlich auch von den Einheimischen anerkannt, aber eine gewisse innere Distanz blieb.

Für Besucher gedacht und am meisten genutzt ist die Tiergehege-Zone bei Neuschönau. Nicht so eng und leicht sichtbar wie in Zoos oder den Parks mit riesigen Tierherden, sondern in weiträumigen und möglichst artgerechten Gehegen, sowie in großen, hinter Glasscheiben begehbaren Volieren leben heute über 30 Tierarten. Dazu gehören Wildtiere und Vögel, die im Bergwaldgebiet heimisch sind oder die hier bis vor 150 Jahren noch auf freier Wildbahn heimisch waren, bis sie ausgerottet wurden. Zu letzteren gehören Braunbären und Wölfe, die aus Sicherheitsgründen nur im Gehege gehalten werden. Die ebenfalls hier bereits ausgestorbenen Luchse, Schwarzstörche und Fischotter sind auch außerhalb der Gehege wieder von allein in ihre alten, aber jetzt geschützten Lebensräume im Bergwald zugewandert bzw. zugeflogen.

Die meisten menschenscheuen Wildtiere so zum Beispiel Hirsche, Rehe, Wildschweine, Dachs, Fuchs und Marder - sowie einige seltenere Waldvögel - kommen auch in der freien Natur vor, sollen aber im Nationalpark für Besucher - bei einigem Glück und der richtigen Zeit - sichtbar gemacht und in Bezug auf ihren Lebensraum im Wald erklärt werden. Viele Besucher sind enttäuscht, dass sie oft stundenlang durch den Nationalpark wandern und auch hier kein größeres Tier sehen; sie glauben dann, da gibt es überhaupt keine. Andere Tierarten wie Kolkrabe, Auerhuhn, Uhu, und Habichtkauz werden bei ausreichender Nachzucht auch wieder in die freie Wildbahn ausgesetzt.

Bei den Wölfen ist das aus verschiedenen Gründen wohl nicht möglich. Als 2002 einige von ihnen aus ihrem Gehege im Nationalpark durch einen beschädigten Zaun entflohen und mit unglaublicher Schläue allen Versuchen trotzten, sie mit feinsten Ködern wie Romandur Käse wieder zurück zu locken oder mit Narkosegewehren zu betäuben, da reagierten die Einheimischen bis auf ein paar Wichtigtuer - erstaunlich ruhig und gelassen. Die Ausreißer mussten aber dann doch erschossen werden, weil Gehege-Wölfe keine Distanz zu Menschen mehr kennen und recht zutraulich sind, ohne dass man ihr weiteres Verhalten kennt. Die freie Ansiedlung wildlebender Wölfe, die viel menschenscheuer sind, hat noch zwei Gründe gegen sich. Erstens werden sie von Jägern neben den Luchsen als weitere Beute-Konkurrenz empfunden und zweitens werden von einigen Medien noch uralte Vorurteile gern zu populistischer Hysterie aufgewirbelt. Es wird also noch einige Jahre dauern, bis auch der für Menschen ungefährliche Wolf wieder in seine frühere Heimat zurückkehrt.

Für die meisten Besucher, vor allem für Familien mit Kindern, sind neben den Ausstellungen in den

Kuckuckslichtnelke (links)

Blühende Heidelbeere (rechte Seite oben) und die reifen Früchte der Heidelbeere (rechte Seite unten)

Lychnis flos-cuculi. (left)

Blossoming bilberry (opposite page, top right) The fruits of the bilberry (bottom right)

Sonnentau, eine fleischfressende Pflanze, wächst auf Hochmoorflächen (links)

Sundew, a carnivorous plant, grows on marshland (top left)

Informationszentren gerade diese Gehege und Volieren mit der Tierwelt des Bayerischen Waldes besonders attraktiv. Darum wird ja derzeit an einem weiteren Haus der Wildnis in Ludwigsthal (bis 2005) gebaut.

Daneben werden auch die verschiedenen Gesteine und geologischen Zusammenhänge dieses Mittelgebirges, sowie über rund 700 Arten von Bayerwald-Pflanzen in einem eigenen Freigelände rund um das Informationszentrum in Neuschönau übersichtlich dargestellt und erklärt.

Da sind gewöhnliche, aber im Futtergras der Bauern heute schon seltene Wiesenblumen ebenso anzutreffen wie die sogenannten Unkräuter. Gerade diese Blumen sind für Insekten, Käfer, Schmetterlinge und Vögel, die Kräuter für viele Wildtiere wie Rehe und Feldhasen zum Überleben notwendig. Die spezielle Flora in den alten Bauerngärten, in Waldlichtungen oder an Feldrainen, entlang von Quellgebieten, Bachläufen, Seen oder Weihern wird gezeigt, ebenso die typische Pflanzenwelt von besonderen Standorten wie Hochlagen, Blockfeldern, Schachten oder Hochmooren. Da sind Blumen dabei wie Siebenstern, Soldahnelle, Ungarischer und Sumpf-Enzian, sowie ganz seltene Orchideen wie das Traunsteiner Knabenkraut und andere, die heute fast nur noch hier im Nationalpark vorkommen. Natürlich ist es ein schöneres Erlebnis als im Freigelände oder Info-Pavillon, diese Pflanzen beim Wandern in der freien Natur zu bewundern. Aber dort würden die meisten Besucher sie ohne Vorinformation leicht übersehen oder nicht erkennen. Auch bei der übersichtlichen Anordnung nach ihren Lebensräumen kann die wilde Natur nicht mit den auf Ordnung und System geschulten Botanikern mithalten.

Die vielen Lehrpfade im Nationalpark über Wald und Wasser, Gestein und Geschichte, Tiere und Pflanzen finden nicht nur bei auswärtigen Besuchern großen Anklang, sondern auch bei den Einheimischen; von denen sind allerdings viele der Ansicht, sie hätten das alles ja eh scho lang gwisst. Aber Lehrer wie Väter und Mütter müssen so halt beim Wandern weniger lästige Kinderfragen beantworten, wenn auf Informationstafeln das Wichtigste übersichtlich und verständlich erklärt ist. Das erinnert an die klassische Geschichte, wo Kinder unreife Heidelbeeren im Wald finden und dann folgender Dialog abläuft: Papa, was is denn des? - Des san Blaubeeren. - De san aber rot! Ja freili, weil's no grün san.

Die umfangreiche Natur-Bildungsarbeit des Nationalparks ist allgemein anerkannt. Und die Forschungsarbeiten in der Natur, die von einzelnen Mitarbeitern, aber insbesondere über Studienaufträge von Universitäten, Fachhochschulen und Forschungsinstituten geleistet werden, sind leider meist nur den Lesern wissenschaftlicher Fachzeitschriften zugänglich, weil niemand sie für die breitere Öffentlichkeit aufbereitet. Darum ist das Interesse der Einheimischen an dieser Arbeit verständlicherweise gering und auch darum unterschätzen sie die große Bedeutung des Nationalparks als Forschungsziel.

Als sich nach fast 20 Jahren seiner Existenz die meisten der Skeptiker unter den Bayerwäldlern halbwegs ihren Frieden mit dem Nationalpark gemacht, sich sogar mit der Unordnung im Wald durch aufragende Wurzelteller und dort stehen oder liegen gebliebenes moderndes Totholz abgefunden hatten, kam erst noch die größte Provokation auf sie zu. Den absoluten, aber verständlichen Höhepunkt der Enttäuschung und Empörung unter den Einheimischen bildete Anfang bis Ende der Neunzigerjahre die erbitterte Auseinandersetzung mit der Nationalpark-Verwaltung zum Thema Borkenkäfer.

Es ging um die im Nationalpark unterlassene übliche forstwirtschaftliche Aufarbeitung der durch Sturmschäden und Schneebrüche im Wald entstandenen Schneisen und um die ebenfalls unterlassene Bekämpfung des Borkenkäfers so, wie es in jedem Wald nicht nur seit jeher üblich, sondern sogar bei Strafandrohung gesetzlich vorgeschrieben ist.

Der nur 4 bis 6 mm große Borkenkäfer (Ips typographus) befällt ausschließlich Fichten und bringt sie, wenn er in Massen auftritt, zum Absterben (rechts oben)

The bark beetle (Ips typographus), infests spruces only and, appearing in their thousands, can kill the trees (top right)

Anfangs waren Strategie und ökologische Ziele der Nationalpark-Leitung sicherlich noch richtig, nämlich auf den begrenzen Flächen dieser Sturmbrüche einmal zu erforschen, wie der Wald mit einer solchen in der Natur ja völlig normalen Kalamität ohne helfende Eingriffe des Menschen allein zurecht kommt. Die Fragen lauteten etwa: Wie weit kann sich der Borkenkäfer unter den quer übereinander umgestürzten, zum Teil entwurzelten und abgebrochenen Bäumen vermehren und ausbreiten? Wo stößt in widerstandsfähigen und gesunden Teilen des Waldes der Käfer an seine Grenze, wann bricht die Population zusammen? Wie kann sich die Vegetation im vermeintlichen Chaos nicht ausgeräumter Windwurfschneisen mit Tausenden von Kubikmetern quer aufgetürmter Fichten entwickeln? Und wie wird dann wohl der nachwachsende Wald dort einmal aussehen?

Das alles und noch mehr waren berechtigte Forschungsziele, aber eben für einen begrenzten Raum unter wissenschaftlicher Kontrolle. Falsch waren zunächst nur der Umgangsstil und die Informationspolitik der Verwaltung gegenüber den mit dem Wald direkt vor ihrer Haustüre eng verbundenen Einheimischen.

Da viele von ihnen aus alter Tradition und langer eigener Erfahrung als Waldbesitzer oder Holzhauer auch fachlich nicht weniger verstanden als die Nationalpark-Förster, war deren Besserwisserei auch eine die Waldler provozierende Überheblichkeit. Sprüche wie: Der Borkenkäfer kann nicht weiter als 500 Meter fliegen, oder: Der Borkenkäfer kann oberhalb 800 Metern Höhe nicht überleben stimmten zwar mit Lehrbuch-Vermutungen überein, aber nicht mit der Wirklichkeit vor Ort. Zumindest haben

Vom Borkenkäfer zerstörter Hochwald nordwestlich von Finsterau (links) Blick vom Lusen. Aus dem abgestorbenen Hochwald wächst nur langsam neues Grün hervor (rechte Seite)

High forest killed by the bark beetle north-west of Finsterau (left) View from Mt. Lusen. It takes time for new young spruces to grow (opposite page)

die Borkenkäfer diese Richtlinien offensichtlich nicht gekannt und schon gar nicht eingehalten. Echt olympisch flogen sie höher und weiter und breiteten sich immer schneller explosionsartig aus.

Plötzlich kam es Mitte der Neunziger Jahre des vorigen Jahrhunderts vom anhaltend wärmeren Klima dieser Jahre begünstigt zu einer massenweisen Käfer-Vermehrung im Nationalpark auf über 1000 Metern Höhe. Frei und ungehindert lösten Millionen winziger Borkenkäfer eine rasante Zerstörung der Bäume im Hochwald und an den Hängen des Lusen und Rachel aus. Der Hochwald war Ende des 19. Jahrhunderts nach einem großen Windwurf vom Forst, also von Menschen gepflanzt worden, da auch damals der verbliebene Wald zusätzlich durch Borkenkäfer schwer geschädigt worden war. Dieser gleichaltrige Bergfichten-Wald war dem gleichen Klima mit Frösten und Trockenheit, der gleichen Belastung mit Schadstoffen aus der Luft und vom saueren Regen ausgesetzt, somit stark geschwächt.

Das heißt: Diese Bäume waren kein Urwald, sondern ein Kulturwald: von Menschen gepflanzt und von menschlichen Einflüssen indirekt geschädigt. Aber jetzt sollten diese Bäume ohne Eingriffe des Menschen zurechtkommen, obwohl der Mensch ja erst ideale Bedingungen für eine extreme Vermehrung der Borkenkäfer geschaffen hatte; zur Abwehr des Käfers durfte er aber nun nicht mehr eingreifen. Wo blieb da bloß die Logik?

Die Bayerwäldler sahen jetzt nur noch rot, nämlich die rotbraun verdorrenden Fichten und den ästhetischen wie den langfristig auch befürchteten touristischen Schaden in ihrem absterbenden Hochwald. Unser schöner Wald stirbt! hieß die Schreckens-Botschaft, da Woid is hi! und die dürren Stämme und Äste auf Tausenden von Hektar schienen das wie nach Bombenangriffen zu bestätigen. In Wirklichkeit ist nicht der Wald gestorben, sondern gestorben sind nur die alten und darum als so schön empfundenen Bäume. Das war ökologisch gesehen ein natürlicher Vorgang in einem als Forstkultur gepflanzten Wald. Aber das war auch ein Vorgang, den die Menschen in Europa seit Jahrhunderten ökonomischer Waldnutzung nicht mehr kennen. Das großflächige Baumsterben im Nationalpark traf Einheimische wie Besucher unvorbereitet und auch im Widerspruch zu falschen

Vorhersagen der Experten; deren Glaubwürdigkeit war für lange Zeit dahin.

Der Borkenkäfer hat in der Natur nur zwei Aufgaben: erstens das Sterben geschädigter Bäume zu beschleunigen, zweitens die hohen alten Bäume, wenn ihre Kraft nachläßt, zu schwächen, zum Zusammenstürzen vorzubereiten und ihr Vergehen im Naturkreislauf des Waldes einzuleiten, damit Platz und Licht für den Baumnachwuchs geschaffen wird. Damit werden dann hier für manche Wildtiere und Vögel die Lebensbedingungen für einige Jahrzehnte verschlechtert, aber für andere Arten die Biotope plötzlich stark verbessert. Großes Wild etwa kommt nicht mehr durch den Totholzverhau, Kleintiere finden dort mehr Nahrung und ideale Deckung; Spechte, Marder oder Ringeltauben haben bald keine Baumhöhlen mehr, aber Hasel- und Auerwild findet mehr Beeren, es kann wieder freier fliegen und besser landen als im oben geschlossenen Hochwald.

Obwohl das für traditionelles Denken von Nutzung und Gestaltung schwer vorstellbar ist: Die Natur schafft den Waldumbau, Biotopwandel und Generationenwechsel bei den Bäumen ganz allein ohne Hilfe des Menschen. Aber diese verheerend aussehende Wirkung des Borkenkäferbefalls in sehr kurzer Zeit war und ist für alle, die den gewohnten Hochwald ihrer Heimat oder ihres Urlaubsgebietes sehr liebten, verständlicherweise ein Schock.

Das löste nicht nur eine neue, massive Negativ-Einstellung der einheimischen Bevölkerung zum alten Nationalpark aus, sondern wirkte sich auch abschreckend auf die geplante Erweiterung des Nationalparks in den angrenzenden Landkreis Regen aus. Viele Förster, die mit Recht ebenfalls auf ihren schönen und naturnahen Wald stolz waren, aber auch naturliebende Menschen im Falkensteingebiet empfanden die geplante Erweiterung des Nationalparks plötzlich nicht mehr als Auszeichnung und neue Attraktion ihrer Heimat. Sie sahen darin eher die Androhung der ideologisch begründeten Zerstörung auch ihrer schönen alten Wälder.

Der Widerstand von Forstleuten, Bürgern und Politikern gegen die Erweiterung konnte nur mit vielem guten Zureden, kräftigen materiellen Versprechungen mit rund 26 Millionen Mark Investitionen und vor allem mit einer gesetzlichen Regelung verringert werden. Die herkömmliche forstliche Bekämpfung des Borkenkäfers im gesamten neuen Teil des Nationalparks und den Wäldern im Grenzgebiet des alten Teils auf dem Rachel muss mindestens 20 Jahre lang weiter betrieben werden. Ebenso wird im alten Teil des Nationalparks weiter auf 500 Metern Abstand entlang der Parkgrenzen zu benachbarten Privatwäldern die Ausbreitung des Borkenkäfers eingedämmt. Das geschieht inzwischen weithin erfolgreich und nach all der Dramatik mit abgefackelten Forsthütten und Morddrohungen haben sich viele Ängste und Widerstände wieder etwas gelegt. Aber trotz viel Überzeugungsarbeit ist immer noch ein Rest von Misstrauen geblieben. Wo damals nicht nur fachliche und politische Fehler gemacht, sondern aus überheblicher Rechthaberei auch rigoros die Gefühle der Menschen ignoriert wurden, helfen rationale Argumente und wissenschaftliche Prognosen wenig. Selbstverständlich war die Forderung von Forstleuten und in der Holzwirtschaft erfahrenen Einheimischen auch nicht richtig, im Naturschutzgebiet Nationalpark einfach die Borkenkäfer massiv und großflächig zu bekämpfen wie in jedem Wirtschaftswald. Aber abgesehen vom Umgangsstil mit der Bevölkerung zu Beginn dieser Problematik und auch von der Unfähigkeit, eigene Fehler einzugestehen, hätte es mit mehr Rücksicht auf die Gefühle und Argumente der Einheimischen vernünftige Kompromiss-Möglichkeiten gegeben.

Man hätte nämlich das gewiss sinnvolle und europaweit einmalige Experiment, die Natur einmal zu studieren, wie sie einen kranken alten Wald ohne Förster abbricht und einen neuen aufbaut, ohne weiteres durchführen können. Aber hätte man dazu den gesamten Nationalpark dem Borkenkäfer zum Fraß freigeben müssen? Hätte man nicht den Versuch auf einige Hektar Waldfläche begrenzen und den Rest weiter wie üblich schützen können? Dann wäre der gesamte, teilweise ohnehin altersbedingt bald unumgängliche Umbruch des Bergwaldes nicht in drei Jahren, sondern vielleicht über 30 Jahre hin erfolgt und man hätte am Ende Erfahrungen gehabt statt Prophezeiungen. Allerdings würde dann heute der Nationalpark große künstlich geschaffene Kahlflächen aufweisen, wie man es in Böhmen im Nationalpark Sumava sieht.

Nun wächst ja tatsächlich ein neuer Wald völlig natürlich nach. Die heutige Verwaltung im Nationalpark leistet seither auch sehr viel an Informations- und Aufklärungsarbeit mit Schriften, Vorträgen und Führungen, um den entscheidenden Unterschied zu erklären zwischen toten Bäumen eines gepflanzten Waldes und einem neuen natürlichen unter abgestorbenen oder über modernden Bäumen nachwachsenden Jungwald. Der sieht deshalb auch anders aus und der Laie kann sich dessen Zukunft schlecht vorstellen. Der Wald wächst halt in diesen Höhen nur sehr langsam, aber die Natur hat auch überhaupt viel mehr Zeit als der kurzlebige Mensch.

Die Einheimischen in der Nationalpark-Region, vor allem die Gastgeber in Hotels und Pensionen fangen jetzt an, nach der ersten Wut, jetzt auch das Positive an dieser sowieso nicht mehr zu ändernden Situation zu erkennen, statt weiter nur zu schimpfen und zu jammern. Nur gut informiert und vorbereitet werden nämlich die Gäste nicht mehr geschockt und fortan enttäuscht die Hochlagen des Nationalparks meiden, wenn nicht gar gleich den ganzen Bayerischen Wald. Mit Interesse können sie nämlich hier jetzt das einzigartige Experiment verfolgen, wie von der Natur allein ein neuer Bergwald aufgebaut wird und wie sie eine neue typische Flora und Fauna verändert entstehen lässt.

Der Hochwaldsteig am Lusen zeigt genau diese Schäden, die der Borkenkäfer an den hohen, inzwischen abgestorben Bäumen angerichtet hat, die mit ihren dürren Ästen wie riesige Fernsehantennen heraus ragen. Vom Steg aus sieht man aber auch, mit welcher Kraft die Natur hier wieder für Nachschub sorgt: Sträucher, Farne, Gräser, sowie Weiden und Vogelbeeren quasi als Vorläufer-Generation, aber auch immer mehr junge Bergfichten wachsen zwischen den alten Baumstümpfen und den gestürzten, modernden Bäumen hervor zu einer neuen Waldgeneration.

Freilich tut jedem, der die dunkelgrünen Bergrücken von Rachel und Lusen von früher kennt, heute das Herz weh, wenn er im Sommer schon aus der Ferne die riesigen braungrauen Flächen der toten Bäume erkennt und aus der Nähe den Verhau abgeknickter und übereinander gefallener toter Bäume sieht und erst beim genauen Hinsehen den nachwachsenden jungen Wald.

Es sollten wegen der Totholzstücke aber nicht die vielen großartigen und völlig unproblematischen Nationalparkteile übersehen oder missachtet werden. Natur-Bildung und Erholungsziele gehen dabei eine recht glückliche Verbindung ein. Für Kinder gibt es bei Spiegelau ein Waldspielgelände für Geräte, Material- oder Ballspiele und einen Natur-Erlebnispfad, der mit vielen Attraktionen die Wunderwelt des Waldes vermittelt. Fasznierende Wildnis und ökologische Zusammenhänge zwischen Wald und Wasser, Flora und Fauna können Schulklassen und Jugendgruppen auch bei längeren Aufenthalten kennenlernen und erleben entweder im Jugendwaldheim bei Schönbrunn oder im Wildniscamp bei Zwieslerwaldhaus am Fuße des Falkensteins.

Eine Reihe von Erlebniswegen ermöglicht es den Besuchern, dem wilden Wald in vielen verschiedenen Facetten zu begegnen. In der Nähe von Spiegelau, unterhalb des schon erwähnten Seelensteigs liegt der Aufichtenwald-Steg. Im Kontrast zum Ersteren und zum Hochwald zeigt dieser Holzbohlen-Weg auf den vernässten Böden in der Talebene einen natürlichen Fichtenwald, der hier wegen seiner flachen Wurzeln wenig Halt hat und daher immer wieder neue Windwürfe erleidet.

Im Falkenstein-Rachel-Gebiet, wurden bisher zwei Erlebniswege eingerichtet. Einer führt als

Vergehen und Werden in der Hochwaldzone des Nationalparks (linke Seite)
Nördlich des Lusen liegt die Einöde Pürstling, Ort der Handlung des großen Romans „Aus der Welt der Waldeinsamkeiten" des deutsch-tschechischen Dichters Karl (Karel) Klostermann (rechts oben)
Blick von Pürstling auf den Lusen (rechts unten)

The old and young plants in the high forest of the National Park (opposite page, top)

Pürstling, a wasteland north of Mt. Lusen, scene of the great novel „Aus der Welt der Waldeinsamkeiten" by the German-Czech novelist Karl (Karel) Klostermann (right)

Der Rindlschachten im Sommer(links)
Der Kohlschachten (rechte Seite)
The Rindlpasture in the Summer (left)
The Kohlpasture (p 71)
Das Schutzhaus auf dem Großen Falkenstein (unten)
The hut on Mt. Großer Falkenstein (1.315 m) (bottom)

schmaler Pfad durch einige schon erwähnte Urwald-Reste im Watzlik-Hain, um Zwieslerwaldhaus und im ältesten Naturschutzgebiet des Bayerischen Waldes, dem wildromantischen Höllbachgspreng mit den Höllbach-Wasserfällen und Kaskaden. Der Name kommt daher, weil die früheren Bayerwäldler hinter dieser weltabgelegenen Schlucht mit haushohen, von Flechten gelb gefärbten Felsbastionen und -überhängen, von denen laut tosend und spritzend das Wasser stürzt, einfach den Eingang zur Hölle vermuteten. So wie ihnen übrigens an mehreren Stellen, die ihnen unheimlich vorkamen, der Teufel am Werk schien wie etwa am Teufelsloch oder Teufelsbach. Aber eines muss man dem Teufel lassen: Er hat sich immer die schönsten Stellen ausgesucht.

Der zweite Erlebnisweg im Falkensteingebiet führt durch eine Reihe von Schachten und Filzen. Noch bis nach 1960 weideten auf den höheren Lagen des Bergrückens pflegeleichte Ochsen und Jungrinder im Gras unter den lichten Hochwäldern; in den Schachten genannten kleinen Inseln mit Bergwiesen wurden sie nachts gesammelt. Im Gegensatz zu den ähnlichen, aber viel größeren Almen in den Alpen hätten die Schachten allein nicht für eine Sommerweide ausgereicht und konnten deshalb auch nicht der Milchwirtschaft dienen. Darum weideten dort keine Milchkühe. Für eigenen Bedarf hatte der arme Bayerwald-Hirte ein paar Ziegen dabei, die ihm Milch gaben.

Auf den Hochplateaus des Böhmerwaldes und auch im Rachel-Falkenstein-Gebiet haben sich wie in den Tallagen des alten Nationalpark-Teils einige ursprüngliche und daher wertvolle Filze erhalten: So nennt man im Bayerischen Wald die Hochmoore. Der Rundweg zwischen Hochschachten und Kohlschachten führt auf einem die besonders empfindliche Landschaft hier schonenden Holzbohlen-Steg zu den stillen dunklen Moorseen Latschensee und Hintere Sulz. Durch die von Wald umrandete, bei Nebel schaurige Moorlandschaft werden die Wanderer von alleine still und denken an manche auch hier kursierende Kriminal-Geschichte mit versenkten Leichen. Aber bei Sonne erfreut sich das Auge umso mehr an den für Hochmoore typischen Blumen und Latschen, an langem Seggengras, Heidelbeersträuchern und vereinzelten verkrüppelten Bergfichten.

Im Osten des Nationalparks bei Finsterau, nicht weit vom Freilichtmuseum, wurde das schon länger bestehende, zur Reschbach-Klause führende Waldgeschichtliche Wandergebiet zum grenzüberschreitenden Erlebnisweg über Natur und Geschichte ausgeweitet. Die beschwerlich Waldarbeit früherer Zeiten und die mit großem Geschick angelegten Steige durch Wald und Fels, die alten Bahnen für Holz-Schlittenzüge und die Bauwerke für den Holz-Transport auf dem Wasser mit Hilfe von künstlich errichteten Klausen (Schwellen), Schwellgräben oder Triftkanälen werden auf der bayerischen Seite gezeigt. Auf der böhmischen Seite, im Nationalpark Sumava, liegt der Schwerpunkt auf der Geschichte der früheren Siedlungen und hier wohnenden Menschen sowie dem historisch bedingten Wandel der Landschaft.

Es würde hier zu weit führen, alle Gehege, Lehrpfade,Wege für Wanderer, Radwanderer oder Wanderreiter, Loipen für Langläufer oder Skiwanderer im Winter und sonstige Einrichtungen im Nationalpark aufzuzählen. Dafür gibt es genug Karten und andere Materialien an den Informationsstellen in Neuschönau, Mauth, Ludwigsthal, Spiegelau und Bayerisch Eisenstein und die vielen guten Bücher vor allem der einheimischen Verlage.

Wichtig ist im Nationalpark vor allem, hinter Irritationen und Interessenkonflikten die ständige geistige Auseinandersetzung mit der Natur zu suchen und den Menschen als Teil hiervon zu sehen.

Viel Wasser läuft die Bäche runter

Regen, Ilz und romantische Wildbäche prägen die Landschaft

Vom Wasser haben wir`s gelernt. Na, was wohl? Das Wa-han-dern! So wird es nach Müllers und Herzenslust gesungen und so ist es auch richtig. Der Bayerische Wald ist nämlich nicht nur ein grüner Naturpark und von Wäldern und Wiesen geprägtes Wandergebiet, sondern auch eine Wasserlandschaft. Das liegt weniger an den kleinen echten Naturseen und an den vielen Weihern und Stauseen, die zwar zum Baden ausreichen, aber kaum zu viel Wassersport oder zur Schiffahrt. Aber mit Fließgewässern ist die Region reich gesegnet. Fast von den Quellen bis zur Mündung des Regen und der Ilz in den Donaustrom sind Wanderer eingeladen, zu Fuß und per Rad, mit Kanu oder Kajak den sauberen Wassern zu folgen.

Iller, Lech, Isar, Inn - fließen rechts zur Donau hin haben wir als Schüler in Heimat- oder Erdkunde gelernt: Altmühl, Naab und Regen- kommen ihr von rechts entgegen. Zwischen Regensburg und Passau gibt es jedoch nur zwei nennenswerte linke Nebenflüsse der Donau: den Regen, mit 165 Kilometern Gesamtlänge der Hauptfluss des Bayerischen Waldes, und die Ilz, die nur 65 Kilometer Länge hat und wohl deshalb in diesem Vers nicht einmal erwähnt wird.

Der Regen entsteht aus weit verzweigten Quellgebieten und man braucht eine große Bayerwald-Landkarte, um zu begreifen, aus welchen großen Bächen er zusammen fließt. Der Kleine Regen kommt von der Rachel-Nordseite, speist gemeinsam mit anderen Bächen den Trinkwasserspeicher bei Frauenau und verbindet sich vor Zwiesel mit der Flanitz, die von der Rachel-Westseite her nordwärts zufließt. Aus Böhmen kommt der Große Regen über Bayerisch Eisenstein her und wird dann vom Höllbach und dem Großen Deffernik-Bach kräftig aufgefüllt. Der Große Regen und sein kleiner Bruder

Der schwarze Regen zwischen Regen und Viechtach (Seite 72)

Der Trinkwasserspeicher Frauenau (767 m) (links)

The river „Schwarzer Regen" (Black Rain) between Regen and Viechtach (page 72)

The drinking-water reserve Frauenau (767 m) (top left)

Der zweite Nebenfluss, die Ilz, bringt es vom Quellgebiet an der Südseite des Rachel, des Lusen und an der Westseite des Dreisessel, bis zur Mündung in die Donau bei Passau nur auf 65 Kilometer Länge bei einem 850 Quadratkilometer weiten Einzugsgebiet. Auf dieser kurzen Strecke durchfließt die Ilz von 1150 Metern Höhe in den wasserreichen kalten Grenzbergen bis hinab auf 290 Meter Seehöhe im milden Donautal mehrere Klimazonen - wie ein Strom über mehr als tausend Kilometern. Eine große Vielfalt an Naturräumen auf diesem steilen Weg der Ohen und der Ilz sind heute letzte Reservate für seltene Tiere und Pflanzen am Fluss.

Aber gerade weil die Ilz auf diesem kurzen Weg vorwiegend durch dünn besiedeltes Gebiet mit relativ wenig Industrie in den Landkreisen Freyung-Grafenau und Passau fließt, gehört sie trotz einiger Belastungen im Unterlauf insgesamt zu den letzten halbwegs intakten natürlichen Flüssen in Deutschland mit den besten Werten auf der Gewässer-Gütekarte - und nicht nur im Quellgebiet, sondern am ganzen Fluss. Dies sind ideale Voraussetzungen, um am Modell Ilz den Lebensraum eines Flusses überschauen und in wenigen Tagen durchwandern zu können. Für die Jahre 2002 und 2003 wurde daher der sehr kurze, aber heute einzigartige Wildfluss Ilz mit gutem Recht bundesweit zur Fluss-Landschaft des Jahres gewählt.

Auf tausend Wegen rinnt fast alles Wasser von den Wäldern der Berghänge des Rachel, Lusen, Dreisessel und Haidel, die Schnee und Regenwasser sehr lange zurück halten, bergab wie die Kugel rollt durch die Täler nach Süden. Schwarzach, Große und Kleine Ohe, Mitternacher oder Schönberger Ohe und Sagwasser bilden zusammen unterhalb von Grafenau die Ilz; die aus Reschbach, Teufels- und Saußbach in der Buchberger Leite bei Freyung gebildete Wolfsteiner Ohe und der von Waldkirchen her kommende Osterbach vereinigen sich bei Fürsteneck mit der Ilz, die so zu einem richtigen Fluss wird.

Wegen ihres dunklen moorhaltigen Wassers aus dem Bayerischen Wald und auch wegen der Perlenfischerei am Fluss wird die Ilz auch liebevoll-romantisch schwarze Perle des Bayerwaldes genannt. Sie bringt ihr Wasser nach der Passauer Ilzstadt gegenüber der Mündung des Inn in

vereinigen sich bei Zwiesel, das ja nach dieser Fluss-Gabelung benannt ist, zum Schwarzen Regen.

Der Weiße Regen fließt aus dem Kleinen Arbersee heraus und sammelt auf seinem Weg über Lam nach Westen noch viele Bäche aus dem Einzugsbereich des Osser, Falkenstein und Hohen Bogen ein. Dieser Weiße Regen vereinigt sich in Gmünd bei der Stadt Kötzting mit dem Schwarzen Regen. Ab da wird es mit dem Gewässer etwas weniger kompliziert und übersichtlicher: Nun heißt der Fluss ohne weitere schmückende Eigenschaften nur noch: der Regen.

Der wird aber vor der Stadt Cham nochmals kräftig aufgefüllt: von der aus Furth im Wald her zufließenden Chamb und nach Cham von einigen großen Bächen aus dem Oberpfälzer Wald. Bevor der Regen an der Stadt Roding vorbei in der Oberpfälzer Bezirkshauptstadt Regensburg (lat.: Castra Regina) in die Donau mündet, hat er nahezu alle größeren Städte der beiden Bayerwald-Landkreise Regen und Cham durchflossen.

Die Kleine Ohe im Frühling (rechts)

Der „Schwarze See" in Böhmen (rechte Seite)

The stream Kleine Ohe in the springtime (bottom right)

The „Schwarzer See" (Black Lake) in Bohemia (opposite page)

die Donau: daher der Name Dreiflüssestadt. An der Ortspitze in Passau gut sichtbar hebt sich das dunkle Wasser mit der schwachen Strömung klar ab vom hellen Inn, der von rechts viel Wasser mächtig in die Donau drückt. Fast parallel zur Ilz, vom südlichen Teil des Dreisessel- und Haidelgebietes her direkt nach Süden verläuft noch ein kleinerer Fluss, die Erlau, die unterhalb von Passau in die Donau fließt.

Die beiden Flußsysteme von Ilz und Regen entwässern nahezu das ganze Gebiet des Bayerischen Waldes; trotz unterschiedlicher Wege haben sie viele Gemeinsamkeiten. Mit ihren Quellen und einigen sehr romantischen Wildbächen durch felsige Kataraktstrecken und tiefe Waldschluchten (Leiten genannt), wie die Buchberger Leite zwischen Freyung und Ringelai und das Höllbachgspreng bei Zwiesel, weisen sie eine abwechslungsreiche und doch recht ähnliche Landschaft auf. Der Nationalpark zwischen Bayerisch Eisenstein und Finsterau und die gesamte Region der zwei Naturparke Bayerischer Wald werden mit geprägt von den sprudelnden Quellen und dünnen Rinnsalen, den plätschernden Bächen aus den Bergen und Hangwäldern und von gischtend über die Felsengründe tosenden Wildbächen. Recht ähnlich sind auch die großen, sich durch Taleinschnitte und Auen des Vorwalds schlängelnden großen Wiesenbäche und auch die trotz unterschiedlicher Länge noch relativ kleinen

In der Wolfsteiner Ohe (Seite 76, links)
Die kleine Triftseige im Bergmischwald (links)

Die Ilz bei Fürsteneck (Seite 76, oben rechts)

In der Ginghartiner Mühle bei Thurmansbang wird mit Wasserkraft Korn gemahlen und Holz gesägt (unten)

In the „Wolfsteiner Ohe" (opposite page left)
The „Kleine Triftseige" running through mixed forest (top left)
The Ilz in Fürsteneck (opposite page, top right)

The water mill „Ginghartinger Mühle" in Thurmansbang (bottom)

Flüsse in der offenen Ebene, die nach einigen Stauseen nur matte Strömungen aufweisen.

An ihren Unterläufen haben Regen und Ilz auch eine ähnliche Besiedlungsgeschichte aufzuweisen, in der wie überall auch das Wasser eine große Rolle spielte. Von den Ufern der Donau aus, wo die ersten Städte und später die ältesten Klöster gegründet wurden, von der Mündung des Regen und der Ilz in Regensburg und Passau her und jeweils den Flüssen entlang, begannen ab dem 8. Jahrhundert die ersten Erkundungen der Wege, und dann ebenso wie von den Klöstern an der Donau her die Befestigung, Rodung und Besiedelung des Nordwaldes.

Das klare Wasser der vielen Quellen und Waldbäche ermöglichte hier menschliche Ansiedlung einschließlich Viehhaltung, Ackerbau, Fischerei und Handwerk. Die künstlichen Stauwehre und Ausleit-Kanäle machten das dynamische Fließwasser bald gefügig und nutzbar für das Wirtschaften der Menschen. Wasserkraft brachte die nötige Energie für Sägewerke, Getreidemühlen und Hammerschmieden, einige Jahrhunderte später auch für die Stromerzeugung. Zudem wurde das in Klausen und Schwellbächen angesammelte Wasser lange Zeit mit der Schneeschmelze über Schwellgräben und Triftkanäle als Transportmittel für das in den Bergen geschlagene Holz genutzt - bis die Eisenbahn in den Wald kam.

Zeitweise waren Kleinkraftwerke durchaus wichtig für die Stromgewinnung, zumindest für die unmittelbar anliegenden Betriebe und anstelle der alten Mühlräder und deren weit umständlicherer Mechanik. Heute ernähren diese Strommühlen zwar noch ihre Besitzer, aber von volkswirtschaftlicher Bedeutung sind sie nicht. Wo es durch Aufkauf möglich ist, versucht man sie stillzulegen oder ökologischer umzubauen: unter anderem mit wenig Uferverbauung, strengen Kontrollen des Restwassers für den Bach und Wassertreppen für die Fischwanderung zum Laichen.

Staatliche Wasserwirtschaftsämter und die Kommunen bemühen sich heute zum Teil mit hohem technischen und finanziellen Aufwand stetig, die Wasserqualität dieser Fließgewässer weiter zu erhöhen: durch Kanalisierung der Gemeinde- und Industrie-Abwässer und Einleitung in

Klärwerke. Die Stauseen, die den Flusslauf unterbrechen und seine Fließgeschwindigkeit hemmen, werden gelegentlich ausgebaggert. Noch in den Siebziger Jahren haben an der Ilz einige Male giftige Abwässer die Fische samt ihrer Nahrungs-Grundlage an Kleinlebewesen getötet. Heute gibt es hier wieder Biotope sogar für Flusskrebse und Perlmuscheln.

Die Landschaft an der Ilz und den zufließenden Ohen gehört mit ihren Schluchtwäldern und Auen zu den schönsten naturnahen Wander-, und Rad- und Bootwandergebieten in ganz Deutschland. Vor allem im Frühjahr, in den Monaten der ersten Schneeschmelze in den Waldbergen, ist die Ilz - und besonders ihre Kataraktstrecke - mit tosenden Wassern über felsiges Gefälle ein Eldorado für Kajakfahrer und Wildwasser-Kanuten. Als Badeplatz ist die Ilz dagegen nur an ihren Stauseen und am Unterlauf bei Hals bis Passau geeignet. Aber es reicht überall, dass der müde Wanderer während einer Brotzeit-Pause seine Füße ins Wasser baumeln lassen oder Kinder durchs kühle Nass hüpfen können.

Viele Einheimische in den zwei Landkreisen Passau und Freyung-Grafenau hatten sich in den Siebzigerjahren in Bürgerinitiativen unter dem Motto „Rettet die Ilz!" engagiert. Sie mussten darum kämpfen, dass diese heute so hoch gepriesene und bundesweit prämierte Flusslandschaft noch als halbwegs natürlicher Lebensraum erhalten blieb. Bevor der ökologisch wertvollste Teil der Ilz dann Ende der Neunzigerjahre unter Naturschutz gestellt wurde, war es schwer durchzusetzen, dass der Fluss nicht für neue Kleinkraftwerke geopfert wurde. Diese hätten den privaten Betreibern zwar guten Gewinn gebracht, aber energiepolitisch wären sie ohne Bedeutung und touristisch völlig wertlos gewesen.

Mehr als zwei Jahrzehnte nach diesem Kampf um die Ilz ist das Bewußtsein für die Erhaltung dieser Fluss-Landschaft auch bei Kommunalpolitikern deutlich verändert.

Zumindest ist die Natur an einem großen Teil der Ilz-Strecke jetzt wenigstens auf dem Papier amtlich geschützt. Es war mühsam genug, die Naturschutz-Verordnung über sämtliche Interessenkonflikte hinweg und durch viele Kompromisse mit Touristikern, Fischern, Kanuten, Kraftwerks- und Mühlen- Besitzern, vor allem aber mit Naturschutz und Bauern durchzusetzen. Nach endlosem Tauziehen entsteht ab 2004 eine weitere Wegstrecke für Wanderer und Radfahrer an den ohnehin schönsten Ufern der oberen Ilz.

Auch die Fischerei- und Anglervereine der Bayerwald-Region bemühen sich heutzutage verstärkt um ökologische Gewässerpflege und um mehr natürliche Fisch-Nachzucht statt nur künstlichen Besatzes. Es ist ökologisch bedeutsam für die Bäche und Flüsse, dass nicht heimische Fischarten dezimiert werden zugunsten von fremden, Arten, die vielleicht besser zum Verzehr geeignet aber nicht standortgerecht sind. Das interessanteste Erlebnis für die Angler (in Bayern ebenfalls Fischer genannt) ist das Fliegenfischen. Dabei wird aber nicht etwa nach Fliegen gefischt, sondern es werden künstliche Köder verwendet, die Fliegen nachgebildet sind. Vom Ufer aus oder mit hohen Stiefeln im Wasser stehend wird die Angel weit hinaus geworfen und die Bachforellen oder Saiblinge beißen gierig nach der scheinbaren Fliege.

Der größte heimische Wildwasserfisch des Bayerischen Waldes ist der begehrte Huchen, der sich in einigen Ilz-Zuflüssen, wie etwa an der Ohe zwischen Grafenau und Schönberg, auch natürlich fortpflanzt. Die wenigen Konkurrenten um Beute, die ein Angler heute hat, sind vornehmlich der Graureiher und nur noch selten der allein an wenigen Bächen vorkommende, vom Aussterben bedrohte europäische Otter.

Im Oberlauf der Ilz-Zuflüsse kann das geschulte Auge eines Fischers oder rastenden Wanderers mit Glück den besonders schönen türkis- und orangefarbenen Eisvogel sehen oder die ebenfalls sehr seltene Wasseramsel, die sich ihre Nahrung tauchend und unter Wasser laufend aus den Ohe-Bächen holt.

Der weite Begriff „Ilz-Landschaft" umfasst die Symbiose von Wasser und Erde, Felsen und Eis, Bäumen und wilden Uferpflanzen, Kleintieren und Fischen oder

Freizeit auf der Ilz (oben rechts und links)

Der Regen bei Miltach (Seite 78, unten)

Ein Rinnsaal in der Wiese (unten)

Leisure on the river Ilz (top left and right)

The river Regen near Miltach (page 78 bottom)

A rivulet in the meadow (bottom)

Vögeln. Der Begriff beinhaltet aber die traditionelle Wirtschaft am Fluss ebenso wie die moderne Erholung beim Wandern und Rasten in der freien Natur, bei besinnlichem Betrachten der romantischen Landschaft in der Sonne wie bei Schnee, Regen oder Nebelschleiern.

Auf der Landkarte erscheint die Ilz von den Quellen in den Waldbergen bis zur Mündung in Passau wie ein Trichter, der mit dem Wasser alle Kräfte dieser Region sammelt und nach vielfältig verschlungenen Wegen wie mit einem schmalen Einfüllstutzen in das gemeinsame Ziel Donau füllt. Umgekehrt betrachtet, von der Ilz-Mündung zurück ins Quellgebiet, gleicht das Fluss-System mit den oben immer verzweigteren und feiner verästelten Bachläufen oder Rinnsalen eher einem Baum mit festem Stamm, vielen starken Ästen und zahllosen Zweiglein.

Man könnte meinen, dass dieses Bild sagen will: Im Öko-System dieses Lebensraumes gehören die Menschen mit der Natur und der Landschaft hier zusammen: denn alle Teile bedingen sich gegenseitig und sind

trotz aller Spannungen aus unterschiedlichen Interessen ohne die anderen nicht lebensfähig.

Der Lauf der Ilz hat auch eine politische Symbolik. Die Ilz und das Sagwasser waren durch sechs Jahrhunderte die Landesgrenze zwischen dem Herzogtum und Kurfürstentum Baiern und dem Fürstbistum Passau, bis dessen Selbständigkeit mit der Säkularisation 1803 endete. Auch für die Alt-Landkreise Freyung (Amt Wolfstein) und Grafenau bildete die Ilz die Grenze, bis beide Landkreise durch die Gebietsreform des Jahres 1972 vereinigt wurden. Und bis heute markiert der Fluss eine gewisse, auch nach 200 Jahren nicht ganz verschwundene Mentalitätsgrenze zwischen den Bayern und den Bistümlern: Herrschaftsformen prägen eben nachhaltig über eine gleiche Stammeszugehörigkeit.

Der Regen und seine Zuflüsse sind nicht zuletzt wegen des 100 Kilometer längeren Flusslaufs wirtschaftlich und - außerhalb des Nationalparks - touristisch wesentlich stärker erschlossen und genutzt als die Ilz und deren Einzugsbereich. Aber es gibt auch in den Landkreisen Regen und Cham eine Reihe von herausragenden Naturschutz-Gebieten.

Dazu gehört zum Beispiel die Regentalaue in der Cham-Futher Senke. Diese einmalige Auenlandschaft von nationaler Bedeutung mit einer reichen Tier- und Pflanzenwelt wird von drei Biotop-Typen geprägt: dem Regenfluss, einem Weihergebiet und dem wechselfeuchten Grünland, das unter anderem zu den bedeutendsten Lebensräumen für die gefährdeten Wiesenbrüter in Bayern gehört. Bei der Schneeschmelze oder bei länger anhaltenden Niederschlägen überschwemmt der Regenfluss regelmäßig das Auengebiet, so dass oft nur noch die Erlen und Weiden aus der Wasserfläche herausragen und zeigen, wo das Ufer war.

Die von den Benediktinern im Kloster Reichenbach im 16. Jahrhundert angelegten Fischweiher sind nach der Säkularisation seit 1803 zu einer Art Weiher-Landschaft aus verschiedenen Biotopen geworden. Offene Wasserflächen, Seggengras- und Schilfröhricht sowie auwaldartige Erlengruppen dienen vielen seltenen Tier- und Pflanzenarten als Lebensraum und durchziehenden Wasser- und Watvögeln als Rastplatz. Das Grünland in der offenen Landschaft der Regenaue ist von Buckeln und Vertiefungen, Altwässern, Gräben und Mulden geprägt. Niederschläge und Überschwemmungswasser halten sich darin ziemlich lange als Nasswiesen. Außer den Wiesenbrütern wurden in der Regenaue nahe Kloster Reichenbach mehr als 500 Pflanzen- und über 1000 Tierarten registriert.

Im Landkreis Regen gibt es auch außerhalb des Nationalparkgebietes wertvolle Gewässer und Feuchtgebiete, die schon länger unter Naturschutz stehen. Dazu gehört die Todtenau mit den sie umgebenden Mooren. Das Naturschutzgebiet in der Gemeinde Kirchberg besteht aus fast 150 Hektar Wald und Streuwiesen und der größten zusammenhängenden Hochmoorfläche im Vorderen Bayerischen Wald. Sein seit 1983 geschützter, weitgehend ungestörter Kernbereich ist ein besonders empfindliches Feuchtgebiet von nationaler Bedeutung. Die Torfschicht erreicht bis über 8 Meter Tiefe, was auf ein sehr hohes Alter des Moores schließen lässt. Ein Lehrpfad informiert über die Besonderheiten dieses Schutzgebietes.

Historisch überliefert ist ein Weg, der von der Donau herauf über die Todtenau nach Böhmen führte. Der Sage nach soll sich in der Todtenau vor langer Zeit sogar eine

Die Rieslochfälle bei Bodenmais sind die größten Wasserfälle des Bayerischen Waldes (Seite 80)

The Riesloch Falls in Bodenmais are the largest waterfalls in the Bavarian Forest (opposite page)

Die Frühlingsknotenblume ist im Bayerischen Wald weit verbreitet (links oben)

Leucoium vernum is widespread in the Bavarian Forest (top left)

Balzende Birkhähne sind auch in den Hochmoorgebieten Großer Filz und Klosterfilz des Nationalparks kaum noch anzutreffen (unten)

Black cocks performing courtship rituals are very rare nowadays, even in the National Park (bottom)

ganze Stadt befunden haben. Wahrscheinlicher ist da wohl noch die aber auch über andere Moore verbreitete - Erzählung, dass in der Pestzeit Tote für immer im Moor versenkt worden seien.

Eine bekannte und ebenfalls unter Naturschutz stehende Gewässer-Landschaft im Arbergebiet ist das Rißloch mit dem Rissbach und den Rißlochfällen. Die Rißlochfälle sind die größten Wasserfälle im Bayerischen Wald. In einem eiszeitlichen, recht auffällig ausgeprägten Gebirgseinschnitt mit schroffen Felswänden stürzt der hier mit dem Schwellbach vereinigte Rißbach steil zu Tal. Dabei durchquert das Wasser in mehreren Kaskaden die wilde, mit naturnahen Buchen-, Ahorn- und Fichtenwäldern gesäumte Felsschlucht. Am unteren Ende der Schlucht, wo sie sich von Ost nach West öffnet, knickt der Bach, der Gebirgsformation folgend, fast im rechten Winkel nach Süden ab in Richtung Bodenmais. Das nur knapp 33 Hektar große Risslochgebiet auf der sonnigen Seite des Arbermassivs ist schon seit 1939 geschützt.

Große Naturseen gibt es im Bayerischen Wald nicht und auch kleine Seen sind selten. Es wurden aber in der gesamten Region an geeigneten Stellen der Bach- und Flussläufe Stauseen und Landschaftsweiher angelegt, die im Sommer zum Baden, Windsurfen oder zu Bootfahrten einladen. Eigentlich können fast alle Wassersportarten irgendwo an den Gewässern des Bayerischen Waldes ausgeübt werden jedoch mehr oder weniger beschränkt von der Größe der jeweiligen Wasserfläche. Motorboot fahren ist nur in der Donau möglich. Besonders attraktiv sind Wasserwanderungen mit dem Kanu und Wildwasser-Touren, wenn die Gewässer im Frühjahr vom Schmelzwasser reich gefüllt sind. Im Landkreis Cham werden Bootfahrten auf der gut 100 Kilometer langen Strecke zwischen dem Blaibacher See und der Stadt Regensburg angeboten.

Am Großen Arbersee kann man Ruderboote mieten, während der sehr schöne aber kleinere Rachelsee im Nationalpark ganzjährig ebenso geschont ist wie die Moorseen. Abgesehen von den kleinen Wasserflächen der Moorseen ist der bis zu 17 Metern tiefe Rachelsee das einzige stehende Gewässer im Nationalpark und sozusagen ein Andenken an die Eiszeit: Er markiert auf 1071 Metern Höhe den letzten Stand des damaligen Rachelgletschers.

Der viel begangene Weg über die Rachelkapelle - wohl das häufigste Postkartenmotiv des Bayerischen Waldes - zum Rachelgipfel führt am östlichen Ufer des Sees vorbei. Von hier hat man einen herrlichen Blick zur Wand über dem westlichen Ufer des Sees. Dieses mit „Urwald" überzogene felsige Gebiet ist aus Rücksicht auf die dort lebenden und brütenden Vögel, darunter auch Krickenten, seit Jahrzehnten gesperrt.

Am Rachelsee laden seine herbe Schönheit und die malerische Kulisse aus Wasser, Wald und dem Himmel darüber zum Rasten und genießerischen Schauen ein. Und es ist am frühen Morgen und gegen Abend unendlich ruhig und ungestört, wenn die Nationalparkbesucher und Rachelbesteiger noch nicht angekommen oder schon wieder auf dem Heimweg sind.

„Mir san vom Woid dahoam…“

Mensch und Wald an der Grenze fordern und formen einander

Schon das Wort Bayerwäldler besagt, dass die Menschen im Grenzwald echte Bayern sind, auch wenn sie nur selten eine Tracht tragen und fast nie jodeln. Im Lauf der Geschichte wurden sie vor allem vom Wald geprägt, ihrer Arbeit mit Hoiz und Stoa und vom kargen Bauernland, das sie dem Wald hier seit tausend Jahren abgerungen haben. Auch der mächtige Einfluss der katholischen Kirche und der alten Klöster hat den gutmütigen, friedlichen Charakter der Waidler mit geformt, aber auch ihre fromme Ergebenheit in das Schicksal. Vielseitige handwerkliche Begabungen, technische Findigkeit und Kreativität befähigen die Bayerwäldler heute, im Zeitalter der Elektonik und Computer zu flexibler Anpassung an neue Berufe.

Jede Landschaft von den Hochalpen bis zur Meeresküste ist von Menschen mitgestaltet und umgekehrt prägt jede Landschaft die in ihr lebenden und wirtschaftenden Menschen. Wenn man sich also fragt, was Bayerwäldler für Menschen sind, so gilt zunächst einmal, dass natürlich auch im Bayerischen Wald wie in jedem Landstrich der Welt nicht alle Leute gleich sind, denn nach bayerischem Sprachgebrauch gibt es auch hier solchene und sölchterne. Es gibt wie überall solche Menschen, die von Typ, Charakter und Denkweise den Normen der Mehrheit dort entsprechen, aber auch Minderheiten von Andersdenkenden und Andersgläubigen, sowie die ganz Anderen, mit denen man möglichst nichts zu tun haben will. Trotz allem gibt es Gemeinsamkeiten, die zwar nicht exklusiv, aber im Großen und Ganzen typisch sind für die Menschen im Woid.

Allgemein ausgedrückt, ist zunächst einmal der echte Bayerwäldler ein Bayer, daher von Haus aus eine Seele von einem Menschen: eigenständig, friedfertig und lebensbejahend, sesshaft, gutmütig und im Kern christlich. Es soll auch einige Untugenden und schlechte

Freilichtmuseum Finsterau (Seite 82)

An old farmhouse at the open-air museum in Finsterau. (page 82)

Ein für den Bayerischen Wald typischer Backofen mit allem, was dazugehört (oben)

A well equipped oven like this is typical of the Bavarian Forest (top)

Mit einem solchen Brotstempel kennzeichnet die Bäuerin vor dem Backen jeden Brotlaib (unten)

The farmer's wife used to mark bread with such wooden stamps before she put it into the oven. (bottom)

Eigenschaften der Bayerwäldler geben, aber die das behaupten, finden jederzeit in deren Krankenhäusern freundliche Notaufnahme. Enger eingegrenzt ist der Waidler egal ob Oberpfälzer oder Niederbayer - ein Baier mit i oder Altbayer; er ist stammesmäßig somit ein Bajuware und sein Bezirk gehörte schon vor dem Königreich von 1806 zu einem Teil zum Fürstbistum Passau und vor den Franken und Schwaben zum Kurfürstentum Baiern.

Vielen Urlaubsgästen aus West-, Ost- und Norddeutschland, die zum ersten Mal im Bayerischen Wald sind, fällt es allerdings schwer zu glauben, dass sie wirklich im echten Bayern sind. Die meisten Menschen hier tragen ihrer Lebtag keine Tracht außer in

Trachtenvereinen, Musikkapellen, oder Chören und Volksmusikgruppen bei offiziellen Auftritten und Festzügen. Lieber tragen die Männer Uniformen bei Schützen- und Veteranenvereinen, der Feuerwehr oder als Helfer bei Maltesern und Rotem Kreuz.

Aber trotz jahrzehntelanger Bemühungen von Heimatpflegern und findigen Trachten-Beraterinnen um Trachten-Erneuerung hat es sich weder im niederbayerischen noch im oberpfälzischen Teil des Bayerischen Waldes durchgesetzt, ohne Grund Tracht zu tragen: weder als legeres Alltagsgewand noch als prächtige Festtagstracht. Das hat hier einfach keine Tradition oder diese ist schon vor sehr langer Zeit einmal abgerissen, außerdem war eine schöne Tracht immer schon zu teuer und eine arme Tracht ist nicht nur demütigend, sondern auch recht langweilig.

Die Frauen sehen lieber fein aus wie die Stadtdamen und viele Männer haben einen besonderen Spaß daran, wenn sie möglichst abgerissen, verhaut und wild aussehen mit ungepflegtem Bart und verbeulten Filzhüten auf dem Kopf, so dass man denken könnte, sie kommen gerade vom Wildern aus den Waldbergen oder vom Schwammerlsuchen. Einige beliebte Volksmusikanten nennen sich darum Wilderer- oder Schwirzer-Musi und kostümieren sich entsprechend. Nicht einmal ein trachtiges Gewand wie es in München, im alpenländischen Oberbayern und im Allgäu üblich ist, also Trachtenmode, tragen die meisten Bayerwäldler.

Münchner verirren sich sowieso nur selten in den Osten Bayerns, weil sie ewig wie die Lemminge über den Irschenberg und in die Staus nach Süden drängen. Wenn aber Oberbayern oder in den Alpen bayernerfahrene Preußen im Bayerischen Wald aufkreuzen, dann finden sie auf keinen Fall eine Region, die dem alpenländischen Fremdenverkehrs-Klischee von Bayern entspricht.

Dass man im Bayerischen Wald nirgends jodelt oder fensterlt, das sehen die meisten Urlauber noch ein weil die Berge und die Häuser dafür hier zu niedrig sind. Und wo man bis vor einigen Jahrzehnten bei der Arbeit noch überwiegend Holzschuhe trug, kann man ja auch das Schuhplatteln schlecht verlangen. Aber darf man auch ohne Tracht ein Altbayer sein? Das ist sehr irritierend.

Bauernhaus in Lohberg (rechts oben)

Holz wärmt beim Fällen, Zerkleinern und Verheizen (unten)

Farmhouse in Lohberg (top right)

Wood warms up threefold when you fell it, when you cut it up and when you burn it (bottom right)

Das Eisstockschießen ist eine traditionelle und weit verbreitete Sportart im Bayerischen Wald (links)

„Eisstockschießen", a form of curling, is a typical winter pastime in the region (left)

In der Gaststube der historischen Wirtschaft „Die Ehren" im Freilichtmuseum Finsterau wird gern und oft musiziert (rechte Seiten unten)

Guests like to make music in the historic inn „Die Ehrn" (opposite page, bottom)

Männliche Urlauber mit feschem modischen Trachtenanzug oder Lodenjanker, mit einer Bundlederhose und Lederjacke, gestrickten Wadlstrümpfen und Trachtenhemd, sowie Frauen in allen modischen Variationen von barocken Dirndln oder dem auch spöttisch Zackerlbayerisch genannten Landhaus-Stil, kommen sich hier im Bayerischen Wald vor wie Exoten oder wie Asphalt-Indianer auf Kriegspfad in New York City. Aber die meisten Einheimischen im Wald sind auch ohne fesche Alltagstracht Bayern. Sie sprechen alle im Prinzip bayerisch und wenn ein anderer Bayer oder sogar ein Niederbayer sie nicht versteht, fragen sie irritiert: Ja, kannst denn du net bayrisch? Bayerwäldlerisch ist zwar bayerisch, aber nur eine Grenzland-Mundart. Bayerisch ist eine Sprache mit eigenem Wortschatz und teilweise eigener Grammatik, mit mehreren Dialekten und darunter zahllosen Mundarten. Aus der bayerischen Sprache hat sich das Hochdeutsche - im Gegensatz zum Nieder- oder Plattdeutschen - mit heraus entwickelt.

In München und in den anderen größeren Städten Bayerns haben sich aber wegen des permanenten Zuzugs aus allen Landesteilen und auch wegen der gesamtbayerischen Rassenmischungen viele verschiedene Dialekte und Mundarten zu einer Art bayerischem Toskanisch oder Fernseh-Bayerisch verschmolzen und abgeschliffen. Dagegen sind gerade in allen Grenzregionen die dort speziell ausgeprägten Mundarten einigermaßen erhalten geblieben. Ein Waidla, Berchzgona (Berchtesgadener), Allgeier, Ascheberscher (Aschaffenburger) und Werdenfelser, um nur einige Grenz-Mundarten zu nennen könnten sich ohne ein wenig Hochdeutsch unter einander in jeweils reiner Mundart kaum verständigen; eher mit ihren Nachbarn jenseits der Grenze. Leider kommen aber immer mehr Dialekte - auch im Bayerwald - ab oder die Mundart verkommt zu bloßer Mundfaulheit. Dialekte werden zusätzlich verfälscht von den vielen Radio-Moderatoren mit einem Kauderwelsch aus nord- oder westdeutschem Slang, relativ gutem Englisch und schlechtem Deutsch.

Die echte Bayerwäldler-Mundart hat nicht nur viele Worte und Redewendungen aus dem benachbarten Österreichischen oder Tschechischen aufgenommen, sondern hat auch niederbayerische und oberpfälzische Aussprache-Varianten. Zudem gibt es wegen der langen Abgeschiedenheit etwa alle 20 Kilometer wieder Abweichungen und Eigenarten der Mundart oder Begriffe. Aus denen hört ein Sprachen-Feinspitz sogar Herkunfts-Dörfer der heraus, der Auswärtige dagegen versteht nicht einmal Bahnhof.

Reden ist nicht die Stärke der Altbayern und noch weniger der Bayerwäldler. Schon der bayerische Schriftsteller Ludwig Thoma hat über seine Landsleute gesagt: s'reden wär schon recht, wenn man s'Maul dabei nicht aufmachen müßt. Die meisten Männer im Wald sind eher wortkarg, wohl als Folge der langen Winter und der schweren Arbeit in der Einsamkeit der Wälder und Äcker. Wenn jemand arg lange herumdrückt bis er etwas herausbringt, sagt man im Wald auch ungeduldig: Red oder scheiß Buachstabn!

Daher gilt ein bewährter Rat für alle hier nur Breissen genannten deutschen Nichtbayern: Das Bayerische und seine Dialekte kann ein Erwachsener nicht mehr richtig erlernen und wenn er es versucht, fühlen sich stets die Einheimischen ähnlich verspottet wie wenn ein Bayer in Köln wie Milowitsch reden will. Darum fährt ein Zuagroaster und auch ein Feriengast am besten, wenn er versucht, viel zu verstehen, aber selber so spricht, wie ihm der Schnabel gewachsen ist. In Bayern, auch im Niederbayerischen und Oberpfälzer Wald, wird jeder Fremde respektiert, wenn er selbst ein Original ist und keine Imitation.

Altbayern sind meist eigenwillig und auch politisch wie kulturell auf Eigenständigkeit bedacht, manchmal sogar eigenbrötlerisch und im Fall von Angriffen dann recht trotzig. Darum hat auch im Bayerischen Wald die Gebietsreform 1972 mit den verschiedenen Zusammenlegungen von Landkreisen und Gemeinden vielen Leuten nicht gepasst und manche haben es bis heute nicht verwunden.

Das „Gasthaus Lanz“ in Untergriesbach (oben)

The inn „Lanz“ in Untergriesbach (top right)

Schnupfen, der Genuss feinen Schnupftabaks, ist im Bayerischen Wald weit verbreitet (rechts unten)

Taking snuff is very popular in the Bavarian Forest (bottom right)

Der Lokalpatriotismus ist überall höher als jede Solidarität unter Nachbargemeinden. Darum sind die Dörfer und Städte meist neidig und eifersüchtig auf einander und statt sich gegenseitig zu unterstützen, gibt es kaum eine größere Freude als wenn bei den Nachbarn irgendeine Initiative schief geht. Dieses missgünstige Belauern und neidische Verhalten ist auch vielfach an einzelnen Menschen zu beobachten. Die Bayerwäldler sind durchwegs sehr hilfsbereit, wenn es jemandem schlecht geht, egal, ob Unfall, Krankheit oder Brand. Aber wehe, es geht einem gut, dann trifft ihn voll der Neid. Wenn jemand sich bemüht, voran und höher zu kommen, sagt man ihm nach: Der bildet sich was ein! Und schafft er es nicht, kann er mit solidarischer Schadenfreude rechnen.

Ansonsten sind die Bayerwäldler schon als Altbayern prinzipiell gutmütige und friedfertige Leute. Sie können freilich, wenn sie anhaltend gereizt werden, auch furchtbar aufbrausen zum furor bavaricus, der typisch bayerischen Wut, sind aber meist ebenso schnell wieder zu besänftigen. Unter den Bayerwäldlern hat es früher immer notorische Raufbolde und darunter etliche Messerstecher gegeben - vor allem im Rausch. Was ihnen jedoch noch mehr als allen anderen Niederbayern oft nachgesagt wurde, nämlich dass sie in einer Hosentasche immer einen Rosenkranz und in der anderen ein feststehendes Messer haben, trifft heute nicht mehr zu. Den Rosenkranz lassen die meisten inzwischen zuhause im Nachtkastl.

Als Grenzland-Bewohner waren die Bayerwäldler durch ihre ganze Geschichte hindurch absolut friedlich. Sie haben zwar viele grausame Überfälle mit Mord, Plünderung und Brandschatzung von Osten her erdulden müssen. Aber außer als einberufene Soldaten in großen Kriegen sind sie umgekehrt nie etwa als regionale Schwadronen oder Räuberbanden bei den tschechischen oder österreichischen Nachbarn eingefallen. Höchstens vielleicht zu Eroberungen beim Weibern, wie an den Stammtischen das oft gruppenweise Suchen nach erotischen Abenteuern in den Dörfern der Nachbarländer genannt wird.

Altbayern sind durchwegs konservativ im Sinne treuen Bewahrens alter Traditionen und Werte; sie gelten lieber als stur, als sich allzu schnell modischen Trends anzupassen. Dennoch sind sie auch sehr aufgeschlossen und begeisterungsfähig für Neues, nachdem sich das als wirklicher Fortschritt erwiesen hat. Roman Herzog, der bisher einzige Altbayer als Bundespräsident hat diese Kombination aus Tradition und Fortschritt auf die treffende Formel „Laptop und Lederhose“ gebracht.

Anfängliches Misstrauen und vorsichtiges Abwarten legt der Altbayer auch gegenüber fremden Menschen an den Tag. Aber wen er als sympathischen Menschen oder redlichen Geschäftspartner einmal akzeptiert hat und ihm dann vertraut, den behandelt er auch mit Respekt oder sogar als Freund und dies ohne auf materielle Vorteile zu zielen. Dieses nicht fremdenfeindliche, sondern aus schlechten Erfahrungen und daher begründeter Vorsicht gewachsene Misstrauen ist im Grenzland bei den Bayerwäldlern noch größer; das schließt andere Bayern, insbesondere die Münchner mit ein, weil naiv-gutherziges Vertrauen der Waldler schon zu oft missbraucht worden ist und sie viel Hochmut, eitle Herablassung und falsche Versprechungen erlebt haben.

So ehrlich sie untereinander in ihrer großen Mehrheit sind, so wenig Hemmungen haben ebenso treuherzige wie schlitzohrige Waidler dabei, staatliche Behörden und irgendwelche Institutionen oder vermeintlich reiche Auswärtige übers Ohr zu hauen. Natürlich nur, wenn es leicht geht, wie zum Beispiel bei den Arbeitsämtern, die nicht nur auf die Minderheit fauler Schmarotzer hereinfallen, sondern auch lange nicht begriffen oder auch hingenommen haben, dass Arbeitslosigkeit im Winter auch als bäuerliche Tradition gilt.

Wen die Bayerwäldler aber kennen und schätzen gelernt haben, den akzeptieren sie auch ehrlich. Die berechnende Anbiederei und aufgesetzte Freundlichtuerei mancher Oberbayern und geschlecktes Charmieren von Österreichern mit langer professioneller Erfahrung im Einschleimen beim Umgang mit Touristen beherrschen die Bayerwäldler gottlob noch nicht. Für sie passt eher das bayerische Motto: Wir sind zwar manchmal grob, aber wir meinen es auch so. Urlauber, die das zu unterscheiden wissen, schätzen es. Die hier geborenen und aufgewachsenen Bewohner der Wald-Landschaft vor den Grenzbergen sind seit deren Besiedelung und Erschließung in ihrem Charakter außer von der Religion und der hier überwiegenden katholischen Kirche auch von der politischen Grenzlage und wirtschaftlichen Entwicklung stark mitgeprägt worden. Das unterscheidet sie erkennbar von Altbayern aus fruchtbaren Landstrichen und wirtschaftlich begünstigten Städten weiter im Zentrum des Landes. Nur leider kommt wegen der späten Entwicklung von Wirtschaft und Zivilisation im Wald oft der Irrtum auf, man müsse auch alle Fehler und Bausünden anderer Regionen unbedingt durch Übererschließung jetzt nachholen.

Viele Bayerwäldler kommen sich dabei so vor wie die kleinen Verwandten am unteren Ende einer Hochzeitstafel, die als letzte die Suppe serviert bekommen, aber aus Höflichkeit schon mit dem Essen aufhören sollen, wenn die noble Gesellschaft an der vorderen Tafel schon mit der Nachspeise fertig und satt ist. Erst wenige haben erkannt, dass die relativ gut erhaltene Landschaft und Natur, die gerade der späten Wirtschafts-Entwicklung in

Die Steine, die bei der Urbarmachung anfielen und die, die später beim Pflügen an die Oberfläche kamen, wurden zu Steinmauern an den Grundstücksgrenzen aufgeschichtet (linke Seite, oben)

Stones found when the land was cultivated were piled up along the boundaries of the fields (opposite page top)

Bäuerliche Anwesen in Eppenberg bei Hohenau mit ungestörter Ursprünglichkeit (links)

This small farmhouse in Eppenberg near Hohenau is still unspoiled by modern annexes (opposite page bottom)

Wanderschafe im Ilztal (oben)

Sheep in the valley of the river Ilz (top right)

der Grenzlage zu verdanken ist, heute auch ein Vorteil ist. Sie können nämlich moderne Technologien mit der hohen Lebensqualität einer naturnahen Landschaft und den wertvollen Traditionen natürlich gebliebener Menschen verbinden.

Die schon geschilderte Geschichte des Erschließens und Rodens der Urwälder entlang der Flüsse Regen und Ilz macht vor allem eines deutlich: Rund tausend Jahre harter Kampf ums bloße Überleben hat die Menschen dieses Landstrichs noch bis heute entscheidend beeinflusst. Die gesamte Region hat sich in neuerer Zeit erst seit etwa einer Generation zum Besseren hin verändert und die neue politische Lage in Europa zeichnet sich erst seit etwa einem Jahrzehnt ab. Das dreht tausend Jahre in den Genen ebenso wenig um, wie sich die bäuerlichen Wurzeln im alten Agrarland Bayern verbergen lassen.

Die ersten Vorfahren der heutigen echten, also schon seit Generationen hier ansässigen Bayerwäldler mussten sich beginnend vor 12-1300 Jahren jeden Weg durch den Wald, jedes Brett für eine Hütte, jedes Gras oder Laub für die Kuh und jede Kartoffel für sich und die Kinder schwer aus dem gerodeten Wald und einem steinigen Boden erarbeiten. Im Schweiße ihres Angesichtes und mit sehr viel Geschick mussten sie jeden Pfad zum Holzrücken und jeden Steig zu den Gipfeln durch den Felsboden hauen, graben und mit Holz oder Stein wieder befestigen. Darum fassen sie es mit Recht als Geringschätzung der Leistung ihrer Vorfahren auf, wenn im Nationalpark allzu großzügig alte Wege einfach aufgelassen und der Natur wieder zum Zuwachsen zurückgegeben werden.

Mit Ausnahme des Forstes und den wenigen Orten mit den Schwerpunkten Glas- oder Steinindustrie hat es in der Wirtschaft der ganzen Region keine dominierenden Monokulturen gegeben, von denen die Leute sich schlecht umstellen könnten. Der Rohstoff Holz war von seiner Gewinnung bis zur Verarbeitung so vielseitig, dass er nicht mit Monostrukturen wie Kohlebergbau und Stahlindustrie früher oder Automobilbau heute vergleichbar ist. Später kamen als Schwerpunkt-Gewerbe noch die Baufirmen dazu, mit denen viele Fernpendler Aufträge in den Großstädten ausführten. Bauarbeiter aller Berufssparten aus dem Bayerischen Wald waren und sind überall als verläßlich, zupackend und geschickt in allen handwerklichen Tätigkeiten hoch geschätzt.

Die meisten Bauern, Waldarbeiter, Glasmacher, und Steinhauer konnten es sich ja gar nicht leisten, für Hausbauten und andere Bauarbeiten immer teuere Handwerksfirmen zu bezahlen. Bis heute ist es Tradition, dass fast alle Bayerwäldler leidenschaftliche und geschickte Bauleute sind. Im Austausch mit den handwerklichen Fähigkeiten ihrer Nachbarn bauen sie sämtliche Privathäuser, Garagen und Wege selber. Was immer die Waldler für Hauptberufe haben, sie mauern und malern, zimmern und schreinern, betonieren, fliesen und pflastern wie einstmals die Heinzelmännchen zu Köln.

Oft haben Urlaubsgäste ihre Verwunderung ausgedrückt, dass im angeblich so armen Bayerischen Wald so viele Leute eigene Häuser besitzen und dass diese Eigenbauten zwar nicht immer recht geschmackvoll im Stil, aber doch blitzsauber und gepflegt aussehen. Vielen Einheimischen fehlt eben noch das Selbstbewusstsein, wenigstens im Prinzip so zu bauen wie ihre Vorfahren, nämlich ihrer Landschaft und dem Klima angepasst. Doch ihr Geschick in vielseitigen handwerklichen Tätigkeiten, die dabei nötige Findigkeit in neuen Techniken und dazu ihre Kreativität beim Improvisieren kommt vielen Bayerwäldlern heute bei der Ein- oder Umschulung zu qualifizierten Mitarbeitern in Firmen mit modernen Techniken zugute.

Spätherbst auf dem Almschachten (rechts)
Das Kloster St. Oswald wurde 1396 gegründet

Late autumn on the mountain pastures(p.91)
The monastery St. Oswald (bottom)

Zwei Bilder, die zeigen, wie sich der Bayerische Wald in rund 25 Jahren verändert hat (linke Seite)

Two pictures that illustrate the changes of the Bavarian Forest during the last 25 years (left page)

Der Wald prägt Charakter und Mentalität der Menschen. In den langen und strengen Wintern hat er früher das Leben der Menschen, ihre Gesundheit und Existenz bedroht. Viele Generationen haben im Waldgebiet gegen die übermächtige Natur um ihr karges Überleben gerungen und nicht immer hat dann der Mensch gewonnen. Abgesehen von den Todesopfern und den zahlreichen Verkrüppelungen, die die gefährlichen Arbeiten beim Holzeinschlag, Schlittenzug oder Triften verursachten, sind bis ins 20. Jahrhundert herein Menschen in ihrer Bayerwaldheimat verhungert oder erfroren. Keine Obrigkeit hat ihnen geholfen.

Für Außenstehende ist es darum nur schwer zu begreifen, dass die Not, Unterdrückung und Benachteiligung durch Jahrhunderte die Menschen im Bayerischen Wald noch nie zur Rebellion gegen die Zustände veranlasst hat, zu Aufruhr oder Umsturzversuchen, sieht man von einzelnen, heute oft so verstandenen „Sozialrebellen" wie dem Räuber Michael Heigl (1816 - 1857) ab. Wer es nicht aushielt, versuchte eben sein Glück in den größeren Städten oder wanderte aus. In Bayern hat es zwar noch nie eine wirkliche Revolution gegen die herrschende Obrigkeit gegeben, weil das dem Volkscharakter nicht so liegt. Aber bei den Waldlern hängt die fromme Ergebenheit in ihr Schicksal bei gleichzeitigem Schimpfen und Jammern auch mit dieser Geschichte der lange abgelegenen Grenzregion und dem Einfluss der Kirche zusammen, die stets die Armen auf den Himmel vertröstet und die Gerechtigkeit im Jenseits versprochen hat.

Der Ursprung liegt wohl darin, dass die ersten Siedler nur deshalb hierher kamen, weil es ihnen zuvor als nachgeborenen Bauern- und Handwerkersöhnen oder völlig mittellosen Knechten und Mägden zuhause aufgrund von Armut oder Verfolgung noch dreckiger ging als hier, wo sie sich nicht mehr als nur eine neue Chance in größerer Freiheit erhofften; und wer diese suchte, nahm dafür viele Entbehrungen und harte Arbeit ohne Murren auf sich.

Dazu kam, dass vom Herzogtum Bayern wie von den Kaisern der hier ansonsten wertlose menschenleere Wald an der Grenze Klöstern als Stiftung überlassen wurde. Die Rodung und Besiedelung stand dann unter der Leitung von Mönchen, die für die Siedler Aufseher, Lehrmeister und Seelsorger in einem waren. Im Fürstbistum Passau führte die zugleich geistliche und weltliche Macht des Bischofs zu einem stark übertriebenen Einfluss des Klerus auf das ganze Leben der Menschen.

Im Positiven sorgte die klerikale Dominanz in der Zeit der ersten Wildnis für ein halbwegs geordnetes, wenn auch streng patriarchalisches Familienleben, Kirchen- und Klosterbauten sowie auch für erste Schulen und damit wenigstens für einen gewissen kulturellen Anschluss. Ohne kirchliche Seminare und klösterliche höhere Schulen hätte im Bayerwald (ausgenommen die großen Städte an der Donau und seit 80 Jahren Cham) bis in die Sechzigerjahre kein junger Mensch studieren können, Mädchen noch weniger als Burschen. Doch der Klerikalismus vor allem auf dem Lande hielt sich hier so auch über die geistliche Schulaufsicht hinaus noch bis weit nach dem Zweiten Weltkrieg, was hier noch ein Stück mehr Duckmäusertum und Heuchelei auslöste als im liberaleren bayerischen Teil.

Harmonisch und unauffällig fügt sich dieses Bauernhaus in die Landschaft ein (Schönbrunnerhäuser) (rechte Seite)

This old farmhouse near Schönbrunnerhäuser appears to be a part of the landscape (opposite page)

Die gesamte Region war von Anfang an nur dünn besiedelt und ist es heute noch, was auch bedeutet, dass ihre Wähler gegenüber den bevölkerungsreichen Gebieten keine Macht haben. Die Dörfer und Städte lagen immer weit auseinander, standen in Konkurrenz zu einander und im Winter gab es fast bis Anfang der Sechzigerjahre des 20. Jahrhunderts zwischen ihnen kaum Kontakte, ja oft lange Zeit nicht einmal von Haus zu Haus, bis Motor-Schneepflüge und Fräsen eingeführt und eingesetzt wurden. Nur Hauptstrassen wurden ehemals passierbar gehalten, nämlich von hierzu dienstverpflichteten Männern immer wieder freigeschaufelt.

Für eine Revolution braucht man hingegen große Volksmassen und auch für kleine Aufstände zumindest Absprachen zum Zusammenrotten und dazu eine überörtliche Verständigung. Darum blieb jede Rebellion auf Wirtshäuser beschränkt, in denen sie ausgerufen wurde. Letztlich stand jeder, der wegen Ausbeutung oder großer Ungerechtigkeit gegen die Obrigkeit aufbegehrte, hilflos allein da, weil sich ihm aus Angst niemand offen anschloss. Hilfe von außen stand nirgendwo in Aussicht. Angestaute oder eingeredete Aggressionen wurden dann oft zuhause an den Frauen und Kindern ausgelassen, die sich noch weniger wehren konnten, weil früher - und das heißt bis vor wenigen Jahrzehnten - Frauen allein sich kaum durchbringen konnten.

So beschränkte sich gelegentlicher örtlicher Widerstand gegen zu starke Unterdrückung auf kurze individuelle Abrechnungen. Dabei wurde nicht der meist weit entfernte Landes- oder Grundherr, sondern höchstens dessen kleinster, oft übereifriger Statthalter angegriffen, indem man ihn, vor allem aber Zöllner und Förster beim Wildern oder Schmuggeln erschoß oder ihnen nächtens das Haus anzündete. Die Solidarität beschränkte sich dann nur darauf, dass man nichts gesehen und gehört, vor allem nichts an die Gendarmen verraten hat. Aus Herzogreut musste nach so einer Tat gegen den Förster einmal fast das halbe Dorf ins fürstbischöfliche Gefängnis nach Passau.

Das ist heute zwar Geschichte, erklärt aber bis zu einem gewissen Grad doch, warum im Bayerwald auch heute Bürgerinitiativen oder -begehren, ganz gleich zu welchen Themen, bereits als unbotmäßiger Aufruhr gegen die gewählten Ratsherren gelten und unpopulär sind. Bürgerversammlungen gleichen meist eher frommen Andachten und wenn Frauen dort Kritik üben, ist es schon fast ein Umsturz der alten patriarchalischen Weltordnung.

Die Obrigkeits-Gläubigkeit gegenüber Staat und Kirche nimmt zwar ab, doch der alte, historisch eingewurzelte Glaube bleibt weit verbreitet, dass man von denen da oben getroffene politische Entscheidungen ergeben oder resignierend hinnehmen muss, weil man gegen den Staat eh nix mocha kaa. Diese Mentalität scheint auch viele Politiker zu prägen, die in weiten Teilen des Bayerischen Waldes, vor allem im Unteren Wald, meist aus dem öffentlichen Dienst kommen und oft wenig Dynamik erkennen lassen. Statt selbst mit eigenen Ideen und Initiativen etwas zu bewegen, starren die meisten nur ständig auf Anstöße von oben und auf staatliche Förderungen. Die manchmal kolportierte ironische Behauptung, die ersten drei Worte eines Bayerwald-Kindes lauteten Mama, Papa, Zuschuss, kommt nicht von ungefähr.

Die Tradition nur heimlicher Racheakte anstelle offenen Aufruhrs schien wieder aufzuleben, als während des Streits um die Borkenkäfer-Kalamität im alten Teil des Nationalparks einige Forsthütten niedergebrannt und schlimmere Drohungen verbreitet wurden, Damals wurde die staatliche Verwaltung von Einheimischen wie eine fremde Besatzungsmacht empfunden wie zu den Zeiten, als Jagen und Angeln nicht gesetzlich geregelt waren, sondern einfach alleinige Herrschafts-Privilegien. Die Wilderer trieb früher meist nicht die im Blut der Bayern angeblich unbezähmbare Jagdleidenschaft, wie es uns Heimatfilme und Volkslieder gern erzählen. Vielmehr schossen die mit rußgeschwärzten Gesichtern getarnten Wilderer (oft wie die Schmuggler ebenfalls „Schwirzer" genannt) ihr Wildbret vorwiegend aus Hunger und Not: wegen des Fleisches also, nicht wegen der Trophäen, die sie auch schnell überführt hätten.

Nebenbei war das Wildern ähnlich wie das Schmuggeln eine Art von gefährlicher Mutprobe: gut orientierte Waldler gegen oft ortsfremde Förster. Diese waren nämlich als scharf antreibende Arbeitgeber und gestrenge Wald-Gendarmen im Dienst der Herrschaft lange Zeit sehr verhasst. Von der königlich-bayerischen Forstverwaltung wurden Förster öfters durchgetauscht, um Verwandtschaft, enge Freundschaften oder Abhängigkeiten als Korruptionsgefahr zu vermeiden: so etwa wurden Franken oder Oberbayern in den Bayerischen Wald versetzt und umgekehrt. Noch immer ist „Grossert-Schandarm" hier ein Spitzname für Forstleute, aber heute eher freundschaftlich-spöttisch gemeint. Aus dem Fichten-Grossert (Zweigen) werden Kränze und Girlanden gebunden. Ins Hochdeutsche könnte man das nur mühsam übersetzen, eventuell mit Fichtenzweigerl-Polizist.

Angesichts der drakonischen Strafen der Gerichte feudalistischer Landesherren und später des bayerischen Staates für kleine Holzdiebe, Wildschützen oder Fischfrevler versteht man die früher geradezu anarchistische Solidarität des Volkes mit den Helden, die todesmutig der Obrigkeit trotzten und deren Gendarmen, Förster und Zöllner oftmals austrickdsten. Die Schwirzer vom Landl an der Grenze im Oberen Bayerischen Wald singen in diesem Lied: Mir schwirzen a Salz und an Zucker und schwanzen d'Finanzer a weng.

Vor Jahrhunderten gehörten viele Männer, die wegen solcher Diebstähle aus Not und Kleindelikten oder auch wegen Raufhändeln polizeilich verfolgt wurden, zu den ersten Siedlern in den Rodungsdörfern im Wald. Wo die Obrigkeit Siedler brauchte, drückte sie die Augen bei der Anwerbung zu. Aber der gelegentlich erhobene Vorwurf, der damalige Wilde Osten sei zuerst nur mit lauter flüchtigen oder amnestierten Verbrechern besiedelt worden, ist so nicht richtig.

Der Wald hat früher seine Bewohner vor allem im Winter in dieser Abgeschiedenheit mit wenig Licht und spärlicher Heizung bei schmaler Kost und harter Arbeit wortkarg, schwermütig und recht grüblerisch gemacht, gutmütig bis zur Lethargie und Resignation und dankbar allein fürs Überleben. Der Wald wirkt aufs Gemüt, löst Stimmungen und Gefühle aus. Darum entwickeln die Waidler vui Gfui, scheuen aber, wie die meisten Altbayern, vor vui z'vui Gfui eher zurück. Die Lebensbedingungen haben Menschen zu Sagen, Mythen und manchem Aberglauben angeregt, andere zu düsterem Weltschmerz oder zu schwärmerischer und schönfärbender Romantik im Liedgut, in der Dichtung und in der Landschafts-Malerei,

Freilich haben Biertrinken, Kartenspielen und Räsonnieren im Wirtshaus, sowie lange Winter auch viel Stumpfsinn hervorgebracht und das Leben gerade der Frauen noch mehr erschwert: Sie hatten sommers wie winters viel Arbeit im Haus, die meist zahlreichen Kinder zu versorgen und überwiegend nur Pflichten, aber keine Möglichkeit zur eigenen Verwirklichung.

In vielen Familien wurde freilich die Zeit des Beisammensitzens in der als einziger geheizten Wohnstube zum Singen und Musizieren, Erzählen und Theaterspielen, zum Schnitzen, Basteln oder Handarbeiten genutzt hat. Es steckt in den Genen der Waldler eine hohe musische und kunsthandwerkliche Begabung, die nur in der Nachkriegszeit während der langen Phasen des Fernpendler-Daseins vieler Männern zeitweise wieder verschüttet worden ist.

Der Wald war lange Zeit als Rohstofflieferant die tragende Säule der Wirtschaft. So war der Staatsforst mancherorts der einzige schlecht zahlende, aber sichere Arbeitgeber. Die Förster waren auch deshalb gewöhnlich nicht sonderlich beliebt, weil die Leute mangels Alternativen vom Forst abhängig waren. Die Forstbeamten standen ihrerseits unter Druck, weil der bayerische Staat Geld aus der Holzproduktion brauchte. Bis ins 20. Jahrhundert herein stand aber dem nahezu unermesslichen Reichtum an Holzvorräten in den Waldbergen das große Problem des Einschlags und des Abtransports gegenüber. Es gab ja damals noch nicht Motorsägen, Traktoren oder Lastkraftwagen, geschweige denn große, den Waldboden schonende Holz-Erntemaschinen, Kranverladung oder gar Hubschrauber-Abtransport für schwer zugängliche Waldstücke wie heute.

Köppenreut (bei Freyung) im Winter (linke Seite)
Winterabend bei Hohenau (rechts)
Pferdeschlitten: ein Vergnügen für Urlauber (unten)

Köppenreut (in Freyung) during winter (opposite page)
A winter evening in Hohenau (top right)
A pleasure for holidaymakers (right)

Der größte Bedarf bestand noch bis weit ins 19. Jahrhundert in allen größeren Städten an Brennholz. Die dafür bestimmten Bäume aus den immer mehr zu gewinnbringenden Fichten-Plantagen umgebauten Hangwäldern im Bayerischen Wald wurden nach dem Fällen der Bäume im Sommer und Herbst gleich zu circa zwei Meter langen Blöchern geschnitten. Wo es geeignete Zufahrten für Pferdefuhrwerke gab, wurden diese benutzt, wo es aus höheren Lagen Bahnen für einen Abtransport auf großen Schlitten gab, wurde das Holz auf Schlittenzügen ins Tal gebracht. Diese schwierige und gefährliche Arbeit hat den Waldarbeitern viel Kraft und Erfahrung abverlangt. Im Freilichtmuseum Finsterau wird es jeden Winter den Urlaubern gezeigt.

In weiten Bereichen des Bergwaldes war dies alles nicht möglich. Darum wurden die geschnittenen Blöcher zu Gräben und kunstvoll um halbe Bergrücken herum angelegte Kanäle gerollt. Mit Beginn der Schneeschmelze im Frühjahr wurde das in den Klausen oder Schwellen angestaute Wasser abgelassen, das Holz hineingerollt und bis zu den größeren Bächen und von dort in die Flüsse weggeschwemmt. In diesen wurden die Blöcher in großen Feldern wie schwimmende Viehherden weiter zu den Mündungen der Ilz und des Regen getriftet. Das war für

Ein Steinpilz wird vorsichtig mit dem Messer abgeschnitten (links)

A cep is cut off carefully with a knife (top left)

The bank of the stream „Sagwasser" was stabilised and straightened with stones. In this way nearly all the greater stream beds were specially prepared for transport purposes (right)

Mit Steinen befestigter Uferabschnitt am Sagwasser bei Waidhütte. Fast alle größeren Quellbäche von Ilz und Regen wurden im vorletzten Jahrhundert auf diese Weise begradigt und für die Holztrift nutzbar gemacht (rechts)

die zu Fuß mitgehende Trift-Mannschaft gefährlich, denn immer, wenn sich Blöcher querlegten, sperrten und auftürmten, mussten sie unter Lebensgefahr darüber balancieren, um die Herde mit Stangen und Haken wieder in Fluss zu bringen. An steinernen Triftsperren am Unterlauf von Ilz und Regen wurde das Holz dann im Wasser angesammelt und entweder zu Flößen gebunden oder auf Fuhrwerke und Schiffe verladen.

So wurde früher aus dem Bayerischen Wald Brennholz nach Regensburg und Wien und in andere Großstädte geliefert. Als die Eisenbahn bis in den Wald kam, wurde nur noch bis in die Nähe der Verladeplätze getriftet. Für Holz, das in der Region selbst genutzt wurde, mussten die Stämme zu den Sägewerken an den Bächen getriftet oder transportiert werden. Dort wurde es dann mit der Wasserkraft zu Balken und Brettern gesägt. Bevor es Sägemühlen gab, mussten die Siedler ihr Bauholz noch von Hand aus den Stämmen heraussägen und -hauen.

Zu den Arbeiten im Wald gehörte aber nicht nur das Abholzen und Abtransportieren der Bäume. Zur sonstigen Nutzung des Waldes als Rohstoff gehörten auch die Köhlerei und das Brennen von Pottasche für die Glashütten. Mit dem Holz eng verbunden waren daher in den alten Zeiten im Wald nicht nur - wie anderswo auch - die Förster, Holzhauer, Waldbauern und Holzhändler. Holzverarbeitende Berufe waren auch die Köhler, Pottaschebrenner, Sägewerker, Bau- oder Möbelschreiner, Zimmerer, Wagner und Drechsler. Auch das Aufforsten neuer Fichten-Pflanzungen, meist mit ein wenig Buche, Ahorn und schnellwüchsigen Birken als Schattenspender dazwischen, war kurzzeitige Auftragsarbeit vom Staatsforst meist für Frauen als Tagelöhner.

Darüber hinaus halfen viele handwerkliche Nebentätigkeiten den Kleinhäuslern als Winterbeschäftigung zu einem geringen Zubrot, als es noch kein Stempelgeld für Saisonarbeitslose gab: Holzschnitzer, Holzschuhmacher, Dachschindelschnitzer, Dachrinnenbohrer, Zäune-, Werkzeugstiel- und Gerätemacher, Besenbinder und Korbezäuner produzierten auf Bestellung der Bauern oder für den Verkauf auf dem Markt.

Daneben haben die Menschen den Wald auch zum kommerziellen Beerenpflücken, Schwammerlsuchen und zum Sammeln von vielerlei Kräutern und Heilpflanzen für Tees, Salben oder Umschläge genutzt. Bis weit nach dem II. Weltkrieg zogen im Sommer Mütter mit ganzen Gruppen von Kindern durch die Wälder, um Schwammerl, Heidelbeeren (Hoawa), Himbeeren (Moiwa), Preiselbeeren oder Walderdbeeren zur eigenen Ernährung heim zu bringen. Reisig zum Anheizen durfte man in den Wäldern und Weizenähren auf abgeernteten Feldern sammeln. Sarkastisch haben die armen Leute damals das alte Sprichwort gern umgedreht: Spare in der Not, da hast Du Zeit!

Beeren, die nicht verkauft werden konnten, wurden zu Marmeladen-Vorrat für das ganze Jahr eingekocht und die Waldpilzen, die nicht gleich alle aufgegessen werden konnten, wurden auf den Holzstößen vor dem Haus in der Sonne für den Winter getrocknet. Was früher zum Geldverdienen oder eigenen Überleben im Winter diente, wird heute von vielen Leuten, hauptsächlich Männern, wieder zum Vergnügen beim Durchstreifen der Wälder ausgeübt. Jeder Bayerwäldler, der gerne Schwammerl sucht, ob er sie selbst essen mag oder nicht, ob er sie verkauft oder verschenkt, ist stolz auf dieses im Dickicht erbeutete Wildbret des kleinen Mannes. Und seine Schwammerlplätze hütet ein Bayerwäldler als Geheimnis wie Goldadern.

Blick über die Staumauer der Reschbachklause nach Norden. Öffnet man das Wehr, füllt das Wasser für kurze Zeit den Triftkanal bis an seinen Rand und reißt das hineingeworfene Holz weite Strecken mit (unten)

View across the dam wall of „Reschbachklause" to the north. The water was released in a single rush from the pond to carry the lumber some distance downstream (left)

Der Triftkanal unterhalb der Reschbachklause. Die Ufer sind begradigt, damit das Holz nicht hängen bleibt (rechts)

The channel below „Reschbachklause". The banks are straightened up (right)

Wo in alten Zeiten Wisente und Hirsche im Winter bis zu den noch saftigen Donauauen ästen und im Sommer wieder auf den kühlen Waldlichtungen hoch auf den Grenzbergen lebten, da sorgt heute die Landwirtschaft für waldfreie Flächen, auf denen meist nur noch intensive Gründlandwirtschaft betrieben wird. Im Vorwald dient zusätzlich auch ein wenig Weizen oder Roggen, viel Mais-, Kartoffel- und Rübenanbau dem direkten Verkauf. Die Feldfrüchte werden vorwiegend für den Eigenbedarf an Viehfutter bei der Veredelung über die Schweinemast oder als Kraftfutter für die Rinderhaltung gebraucht. Der Ackerbau war aus klimatischen Gründen und wegen der Topographie im Bayerischen Wald nie konkurrenzfähig mit den

fruchtbaren Ebenen im Vils- und Rottal westlich von Passau oder dem reichen Gäuboden um Straubing.

Noch schlechter und steiniger war jedoch der Boden, noch rauher das Klima, entsprechend härter die Arbeit und viel geringer der Ertrag bei den Bauern im Bereich der relativ spät dem Wald abgerungenen Rodungen bis zu der Höhenlage der Waldberge. Außer Rüben und Kraut sowie den Kartoffeln, die man manchmal schon unter dem ersten Schnee ernten musste, versuchte man etwas Korn anzubauen, das freilich oft genug auch erfror. Im Grünland wurde im Sommer das Gras und im Winter das Heu für die Milchkühe gebraucht. Wenn das Heu nicht reichte, musste man Kühe verkaufen.

Ochsen und Jungrinder brachte man im Sommer zur Mast auf hoch gelegene Waldweiden und sammelte sie nachts wieder auf den Schachten, wie man die Hochalmen hier im Wald nennt.

Daneben gehörte bei den Bauern das Streu-Rechen, das Einholen von trockenen Blättern in Laubwaldgebieten als Ersatz von fehlendem Stroh für das Vieh im Stall auch zur Nutzung des Waldes. Von der eigenen Landwirtschaft allein haben im Bayerischen Wald nur wenige Familien mit relativ großen Bauernhöfen leben können.

Die meisten Kleinbauern brauchten einen oder mehrere Nebenverdienste. Im Sommer zogen viele von ihnen ins Rottal und in den Gäuboden, um sich dort bei den reichen und stolzen Bauern als Erntehelfer zu verdingen.

Herbstliches Tiefdruckwetter bei Hohenau (rechts)

A low pressure area over Hohenau in the autumn (right)

Bis heute werden viele kleine Grasflächen nur mit der Hand bearbeitet; die ganze Familie hilft mit (links)

With the help of the whole family, even today small meadows are worked by hand (top left)

Das war nur deshalb möglich, weil die Feldfrüchte daheim im Waldland erst reif wurden, wenn die Ernte in den Ebenen schon eingebracht war. Dann ging die schwere Erntearbeit und das Dreschen des Getreides zuhause erst los. Darüber heißt es ja noch in der Bayerwald-Hymne zuerst unternehmungslustig:" Mir san auf Straubing zua - ois lustige Bauersknecht" und dann enttäuscht: „Hat uns net gfalln da draußd, hamm müassen glei hoam geh, mir san vom Woid dahoam, da Woid is schee". Zu diesem Trost sagte Franz Schumertl, der frühere Landrat von Freyung, einmal treffend: Von der schönen Landschaft und der gesunden Luft haben wir lange genug schlecht gelebt.

Die Wälder wären aber nicht halb so schön, zumindest nicht als Erholungsgebiet, wenn nicht die bäuerlich bewirtschafteten freien Flächen dazwischen die abwechslungsreiche Kultur-Landschaft erhalten würden. Heute stehen jedoch im Grünland des Bayerischen Waldes die Bauern überwiegend vor neuen Entscheidungen: Ist die Milchwirtschaft für sie noch rentabel oder nur noch extensive ganzjährige Weidehaltung von winterfesten Rinderrassen auf großen, dazu gepachteten Flächen? Sollen sie ihren Hof ganz aufgeben oder in einer Marktnische als spezialisierte Öko-Bauern und Direktvermarkter noch zu überleben versuchen? Aber das rentiert sich allenfalls zusammen mit Gastronomie.

Nur noch als bezahlte Landschaftspfleger, ganz ohne eigene Nahrungsmittelproduktion würden die Bauern aber dem Staat und den Gemeinden auch nicht gerade viel billiger kommen. Wenn die Landwirte jedoch heute Zuschüsse aus staatlichen Programmen für ökologische Landschaftspflege erhalten, ist es unfair, das Subventionen zu nennen. Beim teueren öffentlichen oder gewerblichen Winterdienst spricht ja auch niemand von Subventionen. Es wäre daher gerechter und auch für jeden Urlaubsgast aus der Stadt einsichtiger, wenn die Leistung

Moderne Bewirtschaftungsmethoden verändern das Landschaftsbild (links)

Modern farming changes the landscape (left)

Als Einzelgänger und als moderner Skitourist (hier am Arber) kann man den Winter im Wald erleben (oben; rechts)

Different ways to enjoy the Bavarian Forest in wintertime (top; right)

zur Pflege der Landschaft als Lohn für Dienstleistung deklariert wäre. Vielleicht würde ohne den Kampf um jeden Grashalm und jeden Liter preisgestützter Milch auch bei den Bauern von heute wieder mehr Gefühl für die Einbindung in die Natur aufkommen, wie sie es früher einmal hatten.

In den modernen Zeiten der erschlossenen Wälder, der heutigen Motorisierung, des Sommertourismus und Wintersports hat sich die Situation auch im Bayerischen Wald grundlegend geändert: heute ringt die Natur ums Überleben gegen den übermächtigen Menschen und der Wald muss mehr die von Menschen bewirkten Gefahren aus der Luft und durch zu viel Erschließung fürchten als umgekehrt der Mensch die mächtigen Bäume wie früher. Viele Menschen im Bayerischen Wald, allen voran die Bauern, haben diese Umkehrung der Übermacht aber noch nicht wahrgenommen. Sie verkennen den Wert der Natur, die es vermeintlich im Überfluss bei ihnen gibt und verstehen daher auch nicht, dass diese Natur heute ihren Schutz braucht.

Darum fällt es auch heutigen Bayerwäldlern viel schwerer als davon nicht betroffenen Großstädtern, vom früheren Ringen mit der Natur auf Naturschutz umzuschalten. Vor allem aber wollen die Waldler sich zu Recht dabei nicht von auswärtigen Besserwissern belehren lassen, vor deren Haustüre alle Natur längst beseitigt und alles bebaut, asphaltiert und zubetoniert ist. Dies ist auch der Hintergrund für die unterschiedliche Akzeptanz des Nationalparks zwischen Einheimischen und Besuchern und das steckt oft auch als Motiv hinter den sehr starken Vorbehalten gegenüber ahnungslosen und daher allzu ideologischen Naturschützern.

Wer die überlieferte emotionale Beziehung der Bayerwäldler zum Wald nicht versteht, wird jedenfalls auch niemals ihre Mentalität begreifen. Und schon gar nicht den Schock, als sie ausgerechnet den ästhetisch besonders schön empfundenen alten Fichten-Hochwald auf den Bergrücken des Lusen und Rachel im alten Teil des Nationalparks plötzlich der Zerstörung durch Borkenkäfer preisgegeben sahen. So hatten sich die Einheimischer wie ihre Urlaubsgäste den höchsten Naturschutz im Nationalpark natürlich nie vorgestellt.

Von einer Wirtschaft in die andere

Als Tor zum Osten wird das Grenzland zum modernen Standort

Beim Stichwort Wirtschaft denkt ein Bayerwäldler traditionell eher zuerst an ein Wirtshaus. In der Bedeutung von Volkswirtschaft war das ostbayerische Grenzland nämlich die längste Zeit der Geschichte auf der Verliererseite. Neu sind dagegen im Bayerischen Wald die wirtschaftspolitischen Begriffe Aufhol- oder Aufsteigerregion, Modell- oder gar Zukunftsregion. Diese Schlagworte sind nur begrenzt richtig. Dabei wird auch der Tourismus nicht nur als wichtiger Teil der Wirtschaft verstanden. Mit allen Einrichtungen für die Urlaubsgäste steigert er auch die Lebensqualität der Einheimischen und wird so zum weichen Standortfaktor.

Wird ein Waldler von einem anderen auf die Wirtschaft angesprochen, sagt der vermutlich erst einmal: Hast recht, da kauf ma uns a Halbe! Ganz falsch ist das auch nicht, weil eine gut geführte Wirtschaft im Sinne von Gastronomie auch im Bayerischen Wald eine wichtige Säule des Tourismus ist, der heute allmählich auch als bedeutender Zweig der Wirtschaft im ökonomischen Sinne begriffen wird. Wenn man in Altbayern auf alten Grabsteinen in Goldbuchstaben die vornehme Berufsangabe „Ökonom dahier" liest, kann man davon ausgehen, dass da mindestens ein reicher Bauer, meist aber ein Gastwirt, Metzger und Ökonom, also einer mit eigener Landwirtschaft begraben liegt.

Dass der Bayerische Wald heute zunehmend eine ökonomische Rolle als moderner Wirtschafts-Standort spielt und künftig im erweiterten Europa noch weit mehr spielen könnte, geht erst auf eine späte Entwicklung von wenigen Jahrzehnten in der traditionell struktur schwachen Region zurück. Die historischen Ursachen dafür wurden alle schon dargestellt: sehr späte Erschließung und Besiedlung, geringe Bildungschancen, keine Rohstoffe ausser Holz und Stein, Revierferne nach Westen, geographische und politische Grenzlage zum Osten,

Das Klima des Bayerischen Waldes fördert die Heilung und Genesung Erholungsheim der Barmherzigen Brüder in Kostenz, südlich von St. Englmar (links)

The climate in the Bavarian Forest is said to have healing properties. Recuperation hostel of the Benedictine Brothers in Kostenz, south of St. Englmar (left)

Nach einem reinigenden Gewitter ist die Luft besonders rein und klar (Seite 102)

When the thunderstorm has cleared the air feels clean (previous page)

zu geringes Eigenkapital und - daraus resultierend - nur geringe unternehmerische Entwicklungsmöglichkeiten. Die historisch schwache Wirtschaftskraft des Raumes hat deshalb immer und bis heute bewirkt, dass Menschen auswärts Arbeit als Erntehelfer, Saisonarbeiter oder Pendler gesucht haben und dass auch einige einheimische Unternehmen nur dadurch groß geworden sind, dass sie ihre Auftrageber und Tätigkeitsorte außerhalb des Bayerischen Waldes finden. Wer irgendwo in Deutschland bei einer Autobahn- oder Pipelinebaustelle auf Bautafeln und Maschinen das grüne „M", das Emblem der Firma Reinhold Meister GmbH, oder einen roten Kreis, das Zeichen der Firma Streicher, sieht, weiß nur selten, dass beide Unternehmen aus Deggendorf und ihre Mitarbeiter überwiegend aus dem Bayerischen Wald kommen.

Einige der negativen Standortfaktoren des Bayerischen Waldes haben sich heute sehr zum Positiven verändert oder sie entwickeln sich gerade dahin. Aber das überregionale Image und die Vorurteile sind haften geblieben. Die Feriengäste im Bayerwald schätzen es zwar sehr, wenn sie entlang der Glasstraße vom Norden bis zum Süden des Bayerischen Waldes alle Varianten an Glas von klassisch bis modern in unendlicher Vielfalt fabriknah einkaufen und individuell gravieren lassen können; oder wenn sie Zeit haben, sich vergnüglich dem Einkauf von Trachtenmoden, Wander- und Sportkleidung hinzugeben. Aber sie haben im Urlaub sicher etwas Besseres zu tun, als Hightech-Firmen zu besichtigen. Etwa in Cham bei einem der größten Milchverarbeiter Deutschlands die Goldsteig-Produkte durch zu probieren, könnte den Touristen ja noch Spaß machen, aber die weithin vollautomatische Molkerei zu besichtigen, wäre wohl: So ein Käse!

Aktives Marketing des Wirtschafts-Standorts Niederbayern wird im Unteren Wald erst aufgebaut: Der Landkreis Regen ist schon voll dabei, Freyung-Grafenau fängt damit an. Im Oberpfälzer Landkreis Cham ist man schon weiter. Der Obere Wald war in den letzten zwei Jahrzehnten der Pionier auf dem Weg, aus eigener Kraft eine zuerst noch vorwiegend am Fremdenverkehr orientierte Provinz zu einem attraktiven Wirtschafts-Standort zu machen - ohne die traditionelle einseitige Abhängigkeit von Holz und Glas.

Moderne Technik erleichtert die Arbeit in den Steinbrüchen und formt die Produkte

Modern technique makes it easier to work in a quarry and leaves its mark on the products

Der ganz aus Holz errichtete Aussichtsturm auf dem Haidel (1.167 m), der höchsten Erhebung zwischen dem Lusen und dem Dreisesselberg (rechts)

The wooden lookout tower at Mt. Haidel (1.167 m) (right)

Der Landkreis Cham hat heute viele innovative Technologien und pulsierenden Handel vorzuweisen, dabei jedoch die hohe Lebensqualität in einer schönen naturnahen Landschaft mit guten Gasthäusern und neuen Hotels nicht vernachlässigt, sondern für Urlaubsgäste wie Einheimische erhalten. Zudem wurde mit vielen Häusern und modernen Einrichtungen der medizinischen Versorgung, Wellness und Rehabilitation eine hohe regionale Kompetenz für Kuren und Gesundheitspflege geschaffen. Das ist bei Urlaubern gefragt, kommt den Einheimischen zugute und ist zudem auch für Investoren beruhigend zu wissen.

Noch bis vor einem Jahrzehnt gehörte der Landkreis Cham - wie Regen und Freyung-Grafenau - zu den strukturschwächsten auf dem gesamten westdeutschen Arbeitsmarkt. Aber an der nördlichen böhmischen Grenze, quasi aus der historischen Funktion der Cham-Further-Senke heraus, hat man am schnellsten erfasst, dass die Region aus der Randlage ins Zentrum Europas gerückt ist. Seit der Grenzöffnung nimmt sie als Tor zum Osten auch eine wirtschaftlich relevante Brückenfunktion ein. Die sieht man allerdings nicht gerade beim Wandern, Kuren oder Kneipen, weder vom Osser noch vom Arber.

Auf der ganzen Welt, weiß auch kaum jemand, der in den Rückspiegel seines Autos schaut, dass bereits jeder zweite dieser Spezialspiegel aus dem Bayerischen Wald kommt: nämlich als eines von vielen Flachglas-Produkten der Flabeg GmbH in Furth im Wald. Und ebenso verhält es

oder zum Cluster passende Partnerfirmen gezielt hierher anwerben. Um ideenreiche junge Leute für die Region zu gewinnen, helfen zwei Gründerzentren hier - in Roding und Furth im Wald ebenso wie in Waldkirchen im Unteren Wald, jungen Unternehmern wenigstens den Start beim Aufbau einer eigenen Firma zu erleichtern. Der wirtschaftliche Aufstieg im Oberen Bayerischen Wald zu einem heute wichtigen Hightech-Standort hat für viele erstaunlich genug auch etwas mit den Menschen hier zu tun, den Waldlern. Kaum ein Unternehmer oder Manager, der neben der Bewertung von hoher Lebensqualität und Freizeitangeboten nicht ein Loblied auf tüchtige Mitarbeiter, wirtschaftsfreundliche Politiker und unbürokratische Verwaltung singt.

Noch als Zahnradfabrik wurde die ZF Passau bereits 1946 gegründet, eine Tochter der ZF Friedrichshafen AG. Das klassische Zahnrad ist heute nur noch ein Rädchen in diesem Top-Unternehmen, das in Thyrnau, östlich von Passau - einen Betrieb unterhält. Die ZF ist weltweit führend in den Bereichen Achssysteme und Antriebstechnik für Arbeitsmaschinen. Außer in Deutschland und Österreich produziert sie auch in den USA, Spanien, Brasilien und China mit insgesamt rund 6 500 Mitarbeitern Systme und System-Module für Fahrzeug- und Maschinenindustrie. Im Werk Passau produziert die ZF speziell Systeme für Bau- und Landmaschinen, Achssysteme für Nutzfahrzeuge, Achsgetriebe für PKW, Antriebstechnik für FlurförderFahrzeuge, Prüfsysteme und Kundendienst.

Als Global Player hat die ZF den permanenten Wandel auf den Weltmärkten als Chance erkannt und sich mit innovativen Produkten zum Technologieführer für Antriebstechnik entwickelt. Und was hat die Firma an der Donau mit dem Bayerischen Wald zu tun? Die meisten ihrer Mitarbeiter kommen aus dem Bayerischen Wald. Und die ZF hat ausdrücklich diesen neuen Betrieb nur deshalb nicht in die billigeren neuen Länder verlagert, weil sie diese Arbeitskräfte wegen ihrer Leistung und Loyalität zur

sich mit Hightech-Bauteilen anderer Bayerwald-Firmen hier, beispielsweise für die Formel-1-Boliden oder für die Luft- und Raumfahrt wie etwa für die Europa-Rakete Ariane. Darum vermarktet man die alten und neuen Stärken des Standortes inzwischen sehr professionell und vorteilhaft selbst.

Dazu kommt der Vorteil, dass auf der anderen Seite der tschechischen Grenze im nördlichen Teil des Böhmerwaldes auf der alten Handelsachse Nürnberg-Pilsen-Prag wieder eine stärkere Wirtschaftsregion heranwächst als im wirtschaftlich schwachen Südböhmen um Krumau und Budweis, dem Gegenüber von Freyung-Grafenau. Dieser Landkreis hat in Südböhmen zwischen dem Vorfeld des Nationalparks Sumava und den Moldau-Stauseen nicht nur schönere Ausflugsziele, sondern auch eine stärkere und flexiblere Konkurrenz im Tourismus. Eine der großen Stärken der Region um Cham ist wohl das dort ausgewogene Verhältnis von Wirtschaft und Natur, von Technik und Tradition. Tradition bei Holz, Glas und Landwirtschaft spielt durchaus eine Rolle, aber es gibt inzwischen eine hoch technisierte Produktion von modernsten Produkten, zum Beispiel Hochleistungs-Balken aus verleimtem und verschraubtem Holz für große Hallenbauten. Die Zollner AG in Zandt dagegen ist ein vielfach preisgekröntes Unternehmen der Elektroindustrie mit dem Hauptwerk im Landkreis Cham, aber mit insgesamt 5000 Mitarbeitern in Deutschland und auch in Osteuropa. Wer immer zum Beispiel an einem Flughafen ein Terminal für Quick-Checkin benutzt oder eine der Telekom-Telephonsäulen, hat gewöhnlich keine Ahnung, dass die aus dem Bayerischen Wald stammen.

Landkreis und Unternehmen haben in Cham ein gemeinsames Konzept mit langfristigen Zielen, Strategien und Maßnahmen erarbeitet. Dazu gehört unter anderem auch die Cluster-Bildung: in den bestehenden Schwerpunkten Elektrotechnik, Mechatronik (interdisziplinär verbundene Systeme aus Mechanik, Elektronik und Informatik), sowie Maschinenbau und Kunststofftechnik wird ein Netzwerk geschaffen. Darin können die Firmen beim Technologie-Transfer mit Forschungsinstituten und Hochschulen zusammenarbeiten, qualifizierte Mitarbeiter in neuen Technologien weiterbilden und auch Fachkräfte

Der Wandel der Zeiten: Ein altes Sägewerk an der Ilz (linke Seite)

ein kleines Sägewerk mit herrlicher Aussicht (unten)

der Steuerstand eines vollautomatischen Sägewerks von heute (Sägewerk Schwaiger, Hengersberg) (rechts oben)

Through the ages: An old sawmill in the valley of the Ilz (opposite page)

a small sawmill with a magnificant view (bottom)

the controll desk in a fully automatic lumber mill of today (Sägewerk Schwaiger, Hengersberg) (top right)

Firma nicht im Stich lassen wollte und weil die Qualität ihrer Arbeit die höheren Löhne wert ist.

Die Unternehmer der Region machen kein Hehl daraus, dass sie den großen Erfolg ihrer Firmen auch ihren Mitarbeitern aus dem Bayerwald verdanken. Diese werden von ihnen so charakterisiert: gut ausgebildete Fachkräfte, flexibel, hoch motiviert und leistungsbereit, engagiert, kreativ und vor allem enorm zuverlässig. Dabei fällt auf, dass viele uralte Tugenden der Bayerwäldler wieder durchschlagen, die scheinbar fast ein ganzes Jahrhundert lang von Grenzland-Mentalität aus Resignation und Lethargie überlagert waren und jetzt wieder neu geweckt wurden. Grund für die Zufriedenheit der Mitarbeiter sind jedoch nicht allein Arbeitsplatz und Gehalt. Sie beruht vielmehr auch auf der Qualität eines Lebensraumes, also einem Bündel von Faktoren: Arbeiten und Wohnen, Angebote für Bildung, Kultur, Freizeit und Sport, Gesundheits-Vorsorge und guten Einkaufs-Möglichkeiten.

Ähnliche Ziele verfolgen die Landkreise Regen und Freyung-Grafenau im Unteren Bayerischen Wald zur Förderung einer leistungsfähigen regionalen Wirtschaft und

Beim Wort „Lachs" denkt kaum jemand an den Bayerischen Wald. Der größte deutsche Lachsverarbeiter ist aber die Firma Laschinger in Bischofsmais . Zwischen 70 und 80 t Lachs aus Norwegen und anderen Ländern werden dort täglich von rund 650 Mitarbeitern verarbeitet und für den Einzelhandel abgepackt (linke Seite)

Only few people will associate the word „salmon" with the Bavarian Forest. But the biggest German manufacturing plant for salmon is Laschinger in Bischofsmais (between Regen and Deggendorf) Each day 650 workers process and pre-package 70 to 80 tons of Salmon from Norway and other countries (left page)

Holzhäuser, auch aus vorgefertigten Teilen, sind im Bayerischen Wald wieder beliebt (rechte Seite)

Wooden houses, often prefabricated, are again quite fashionable in the Bavarian Forest (opposite page)

der Verbesserung der Strukturen. Beide Landkreise verfügen bisher über kein starkes Steueraufkommen, so daß sie auf alle nur erreichbaren Fördertöpfe Bayerns und der EU angewiesen sind. Die Bundesregierung in Berlin hat als Hilfe bei der EU-Osterweiterung dem Grenzland zuerst viel versprochen, jedoch nichts davon gehalten, sogar noch die bisherige Förderung gestoppt. Das könnte leicht von der EU als Signal verstanden werden, dass man in Bayern die Grenzregion nicht mehr unterstützen muss. Dann kommen mit einem starken Fördergefälle zu Tschechien schwere Zeiten auf die Grenzregion zu.

Es mag ja seltsam klingen, aber was dem Bayerischen Wald und vor allem der Wirtschaft hier fehlt, sind Informationen durch eine gemeinsame Zeitung. Es gibt in Niederbayern zwei große Regionalzeitungen, die auch den Bayerischen Wald quer durch unter sich aufgeteilt haben. Das Straubinger Tagblatt (zugleich auch Landshuter und Bogener Zeitung) ist im Westen und Norden Niederbayerns verbreitet, die Passauer Neue Presse im Osten und Südosten des Bezirks. In der Oberpfalz streift die Mittelbayerische Zeitung aus Regensburg mit einer eigenen Ausgabe in Cham auch den Bayerischen Wald. Aber jede dieser drei Zeitungen hat nur Landkreis-Ausgaben mit Ortsteilen. Keine hat einen Teil Bayerischer Wald. Nur bei der kritischen Aufzählung der vielen Benachteiligungen des Bayerischen Waldes vergessen sie immer, auch diese zu nennen.

Zugegeben, die Bayerwäldler sind von Haus aus nicht sehr kommunikativ oder kooperativ veranlagt. Sie interessieren sich wenig dafür, was ein paar Kilometer von ihrer Haustüre entfernt in ihrer gesamten Region an Politik, Wirtschaft und Kultur vor sich geht. Darum lassen sie es sich gefallen, dass jede Zeitung immer nur über einen Landkreis informiert. Dadurch weiß man zum Beispiel in Spiegelau nicht, was im Nachbarort Frauenau los ist, denn niemand erfährt etwas über einen Nachbar-Landkreis. So kann es auch nie zu einem gemeinsamen regionalen Bayerwald-Bewusstsein kommen.

Die Bayerwäldler wissen so gut wie nichts übereinander, obwohl sie weithin die gleichen Probleme und die gleichen Ziele haben. Es ist schon in einzelnen Landkreisen schwer genug zu erreichen, dass die Firmen, die Museen, die Vereine etc. von einander etwas wissen oder gar zusammenarbeiten, obwohl sich die Landräte und ihre neuen Wirtschaftsforen wenigstens intern seit einiger Zeit darum bemühen. Aber jeder Landkreis, ja jede Stadt und Gemeinde wachen ehrgeizig darüber, dass ihnen die anderen nur ja nicht zu viel nachmachen.

Dabei würden Konkurrenz und gegenseitige Anregungen alle weiter voran bringen und gerade in der Wirtschaftspolitik könnten sie gegenüber Land und Bund mit gemeinsamen Auftritten wesentlich mehr erreichen als bei Einzelvorstößen in einem eifersüchtigen Wettbewerb. Es beklagen sich zwar alle, dass der Tourismusverband Ostbayern heißt statt Bayerischer Wald, aber manchmal hat man den Eindruck, die heilige Kuh der EU, die grenzüberschreitende Zusammenarbeit, funktioniert leichter mit Tschechien als zwischen Freyung, Regen und Cham.

Keinem Zeitungsverlag würde eine Perle aus seiner Krone, dem Anzeigengeschäft, fallen, wenn er wenigstens zwei- oder dreimal die Woche eine

eigene, die Landkreisgrenzen kühn überschreitende Bayerwald-Seite einführen würde. Das geht ja in anderen Regionen auch, siehe München. Wenn die Landräte und Bürgermeister darauf Wert legen und insistieren würden, wäre es kaum vorstellbar, dass die bekannten Verleger in ihrer noch bekannteren Großmut diesem Wunsch nach informativer Grenzlandhilfe nicht nachkommen würden.

Groß sind derzeit die Bemühungen, alle schon vorhandenen Kräfte im Bayerischen Wald zu mobilisieren und Chancen besser zu nutzen, um die Konkurrenz mit dem maximal geförderten Gebiet Tschechiens zu bestehen. Im Bereich Freyung-Grafenau erinnert das an die alten Zeiten, wie etwa die lange Säumer-Zeit: Salz- und Kornhandel mit Pferdefuhrwerken und Tragpferden über die Grenze nach Böhmen und zurück. Die Wirtschaft auf beiden Seiten der Grenze hat davon profitiert. Was damals die Fuhrleute der Säumer waren, sind heute Speditionen. Die große, mit modernster, elektronisch gesteuerter Logistik arbeitende Spedition und Service-Company Häring in Grafenau unterhält einige Filialbetriebe in Deutschland, hat aber ihren Hauptsitz im Elsenthal vor der Säumerstadt. Vergleichbar den damaligen Säumerzügen ist heute ihre Aufgabe wieder der Transport, die Lagerung und die Bereitstellung von Waren, nur in weit größerem Rahmen: nämlich von und zu den Wirtschafts-Zentren im Westen Europas, aber auch im Handel über die Grenzen des Waldgebirges.

Im jetzt nach Osten erweiterten Europa wird aber der Wettbewerb nicht nur wegen der niederen Löhne und Steuern in Tschechien verzerrt, sondern auch wegen ungleicher Fördersätze und Subventionen für die Wirtschaft im EU-Erweiterungsgebiet. Wenn es heute an der böhmischen Grenz' an Fuhrmo verwaht, dann nicht mehr, weil der Bayer im Schneetreiben des eisigen Ostwinds zu staad gefahren wäre, sondern wegen des wirtschaftlichen Gegenwindes aus dem Osten.

Für den Nachbar der Spedition Häring, nämlich die Mineralplatten-Firma AMF in Grafenau bringt die Grenzöffnung bisher keine Probleme sondern sie hat von der Osterweiterung der EU mehr Vor- als Nachteile. AMF stellt im Elsenthal auf automatisierten und gerade erst im großen Stil erweiterten Fertigungslinien aus Basalt, Ton und Perlit verschiedene Mineralplatten her, die global verkauft werden, z.B. als Lärm- oder Brandschutz-Decken mit integrierten Kommunikations-Leitungen. Rund 75 Prozent des Umsatzes erwirtschaftet AMF im Export, darunter auch auf den heutigen Wachstumsmärkten in Russland und anderen osteuropäischen Ländern. Dafür ist jetzt der Bayerische Wald ein guter Standort. Wer irgendwo unter feuersicheren Decken durchläuft, ist wohl nicht daran interessiert, dass die Mineralplatten aus dem Bayerischen Wald kommen.

AMF, die zum Knauf-Konzern in Ipphofen (Unterfranken) gehört, hat aus zwei Gründen hier im Wald kräftig in den Ausbau investiert. Die Lage der Firma in der Urlaubsregion am Nationalpark ist ein Anziehungspunkt für die Kunden, die gern zu Schulungen und Werksbesuchen hierher kommen. Außerdem findet das Unternehmen in dieser Region mit so hoher Lebensqualität und hervorragenden Freizeit-Möglichkeiten qualifizierte, hoch motivierte und sehr verlässliche Mitarbeiter. Die traditionsreiche Firma Atex, die Elsenthal als Industriestandort entwickelt und dort seit Jahrzehnten Holzfaserplatten produziert hatte, mußte 2002 schließen, weil sie notwendige Modernisierungs- und Anpassungsmaßnahmen an geänderte Bedingungen zu lange versäumt hatte und zu einem Industriemuseum geworden war. Ihr Gelände dient heute der AMF zur Erweiterung und Schaffung zukunftsorientierter Arbeitsplätze.

In der entgegengesetzten Ecke des Landkreises, in Haidmühle am Fuß des Dreisessel, hat das Bettenhaus Mühldorfer, seinen Stammsitz. Diese Firma, die 1920 in diesem Grenzort begann, Gänsedaunen und -federn zu Qualitätskissen und -decken von Hand zu verarbeiten, hat sich nach nunmehr über 80 Jahren bereits zu einem international erfolgreichen Betten-Spezialisten für Privatkunden und als Top-Ausrüster von Spitzenhotels in aller Welt entwickelt. Das klare Bergquellwasser hier im Wald ist hervorragend geeignet für Reinigung und Bearbeitung von Produkten aus Daunen und Federrohr. Aber nicht nur deshalb und aus Tradition identifiziert sich die Firma Mühldorfer mit dem Standort Haidmühle, vor allem wegen der verantwortungsbewussten und treuen Mitarbeiter in dieser Grenzregion.

Zur Erinnerung an vergangene Zeiten hat man das Türmchen des alten Krankenhauses in Freyung vor dem Neubau aufgestellt (links)

Waldkirchen im Herbst (rechte Seite)

As a reminder of the past, the old hospital tower stands in front of the new hospital in Freyung. (left)

Waldkirchen in the autumn (right page)

In ganz Europa unterwegs sind die Manager, aber vor allem die Produkte der Knaus Tabbert Group GmbH in Jandelsbrunn: Sie ist einer der führenden Hersteller moderner Reisemobile und exklusiver Caravans. Mit ihrem hohem handwerklichen Fertigungs-Knowhow von insgesamt 1500 qualifizierten Mitarbeitern produziert die Firma Knaus Tabbert eine große Bandbreite verschiedener Freizeit-Fahrzeuge für Liebhaber von legerem Urlaub im Wohnwagen-Komfort wie für abenteuerlustige Reisemobilisten.

Das sind nur wenige verschiedene Beispiele von erfolgreichen Unternehmen entlang der Grenze zu Tschechien, die global agieren, aber abgesehen von ihren direkten Kunden und Geschäftspartnern überregional kaum mit dem Bayerischen Wald identifiziert werden.

Der Landkreis Freyung-Grafenau ist der südöstlichste Teil des Bayerischen Waldes, zugleich auch Bayerns und Deutschlands. Er hat noch viel Platz, nämlich nicht einmal die halbe Bevölkerungs-Dichte vom bayerischen Landesdurchschnitt. Bei der Struktur der Beschäftigung sind Dienstleistungen und Handel unter dem Durchschnitt vertreten, denn der Wirtschaftsraum hat noch einen deutlichen Schwerpunkt im verarbeitenden Gewerbe, in einem Bereich also, in dem die Konkurrenz aus Tschechien schon jetzt am höchsten ist und es bald stärker sein wird. Traditionell ist hier Gewerbe ansässig, das Holz, Glas und Gestein verarbeitet, aber auch Betriebe der Textil- und Metallindustrie sind da. Mit gut 8 Prozent Arbeitslosen liegt er 2003 unter dem Durchschnitt im Bund, aber über dem in Bayern. Sehr hoch ist die

Obwohl dieser Daunen-Schlafkomfort auch im ostbayerischen Raum sehr geschätzt wird, hätte das für kein Unternehmen in diesem Landkreis ein Grund sein dürfen, die Entwicklung so ruhig zu verschlafen, wie es leider einige getan haben. Dagegen hat die 1946 gegründete Firma Kunststoffwerk Löffler in Freyung von Anfang an einen bekannten Wahlspruch beherzigt: Es ist gut, Erfolg zu haben, aber man muß auch etwas tun, während man auf den Erfolg wartet. Das haben einige andere offenbar nicht gewusst oder nicht gekonnt.

Das Unternehmen nennt ebenfalls seine exzellente und hoch motivierte Belegschaft als Vorteil des Standorts im Bayerwald-Grenzland. Sie haben ihr Unternehmen inzwischen mit der amerikanischen Firma Seaquist vereinigt und zur deutlichen Kostensenkung in Ckyne (Tschechien) ein Zweigwerk gegründet. Das Kunststoffwerk Löffler-Seaquist stellt in der Hauptsache aus Plastik Spender-, Ventil- oder Sportverschlüsse und Verpackungen für Getränke, Lebensmittel und Kosmetika her. Das reicht von Verschlüssen für Ketchup, Milch oder Mineralwasser über Verschlüsse für Duschbäder und Zahn- oder Hautcreme bis zu Kaugummi-Verpackungen. Kunden sind dabei weltweite Marken-Unternehmen, mit denen die Firma global und europäisch vernetzt ist. Nur so kann sie dem Preisdruck der internationalen Konkurrenz standhalten und ihre insgesamt 850 Mitarbeiter und rund 40 Ausbildungsplätze erfolgreich halten.

Individuell gefertigte „Schnupftabakgläser" waren und sind im Bayerischen Wald weit verbreitet (unten)

To take snuff is almost a cult. Attractive snuff bottles are very popular in the Bavarian Forest (bottom)

Saison-Arbeitslosigkeit wegen des hohen Anteils an Beschäftigten in Baufirmen und Tourismus.

Soweit im letzten Jahrzehnt hier überhaupt ein wirtschaftlicher Aufschwung spürbar war, ist er großteils auf den zeitweiligen Erfolg im Saison-Tourismus zurückzuführen. Darum muss man jetzt mehr bemüht sein, die Saison über Sommerferien und Weihnachten hinaus zu verlängern. Im Tourismus merkt man den Unterschied zu Regionen mit 150 Jahren Vorsprung im Geschäft mit den Fremden, wie Oberbayern oder Österreich, am meisten daran, dass sich im Landkreis Freyung nur wenige auch um Gastlichkeit bemühen, die nicht direkt daran verdienen. Viele jedoch, die Tourismus für ein Hobby von Wirten und Vermietern halten, haben den Zusammenhang mit der eigenen Lebensqualität in Freizeit-Einrichtungen, Kultur und Gastronomie nicht begriffen.

Bei den Bemühungen der Wirtschaftsforen von Freyung-Grafenau und Regen für den Standort Bayerischer Wald ein modernes bundesweites Marketing aufzubauen, werden natürlich die Nähe zu den Ostmärkten, aber die im Vergleich zu Tschechien hohe Rechtssicherheit, wenig Bürokratie, günstige Wohnungs- und Grundstückspreise und die volle Unterstützung durch die Landkreis- und Gemeinde-Verwaltungen aufgeführt. Hinzu kommen viele weitere, auch mit dem Tourismus zusammenhängende weiche Standort-Faktoren: hohe Lebensqualität, eine schöne Landschaft, der Nationalpark, ein breit gefächertes Schul- und Bildungsangebot und Kliniken für medizinische Grundversorgung oder Rehabilitation, freie Gewerbegebiete, attraktive Sport- und Freizeit-Möglichkeiten und dergleichen mehr. Dazu gehören auch Einkaufserlebnisse, wie sie etwa in der touristisch sehr aktiven Stadt Waldkirchen geboten werden.

Das Modehaus Garhammer hat Mode für jedes Alter, jeden Bedarf und jede Stilrichtung; an freundlicher Atmosphäre und Kompetenz der Mitarbeiter ist es von kaum einem Großstadt-Modekaufhaus zu überbieten. Darum ist es als klassisches Beispiel dafür anzuführen, wie stark in einem dünn besiedelten Gebiet mit wenig Kaufkraft der Tourismus zur Lebensqualität einer Region beiträgt und so Rückwirkungen auf die übrige Wirtschaft hat. Es gehört nicht nur für Einheimische, sondern auch für

In der Hütte wird das Glas in einem feuerfesten Gefäß, dem „Glashafen“ geschmolzen.

Hier wird ein neuer Glashafen in den Ofen geschoben, eine schwere und heikle Arbeit (oben)

In the glassworks the glass is melted in a fireproof pot, called „Glashafen“.

A new pot is pushed in, a hard and delicate operation (top)

So arbeiten Glasbläser traditionell in einer Glashütten (oben)

The glass maker's job has scarcely changed throughout the centuries (top)

Vollautomatisierte, maschinelle Herstellung von Trinkgläsern bei der Firma Schott in Zwiesel (unten)

Fully automated glass production at „Schott" in Zwiesel (bottom)

Urlauber im Unteren Wald schon zur Tradition, bei Garhammer in Waldkirchen gemütlich mit viel Zeit und Vergnügen die Familie neu auszustatten. Die Einheimischen allein - ohne die Kaufkraft der Gäste - könnten ein Kaufhaus mit so großer Modeauswahl aber nicht erhalten, wie sich an anderen Orten zeigte.

Ähnliches gilt für Sportgeschäfte, Boutiquen, Cafes, Eisdielen und Blumenläden, für die Hallen- und Freibäder, Tennis- und Golfplätze, für Autowerkstätten und sogar Kosmetiksalons. Alle staatlichen, kommunalen und privaten Investitionen in den Tourismus helfen daher auch der regionalen Wirtschaft.

Die noch von Bundeskanzler Helmut Kohl eröffnete Glasstraße führt von Passau mit Georg Höltls Glasmuseum nach Norden durch den Bayerischen bis zum Oberpfälzer Wald in Waldmünchen. Auch die Werbekampagnen des Tourismus-Verbands Ostbayern zum Thema „Der gläserne Wald" rücken die historische wie die aktuelle Glasmacherkunst nachhaltig in das Interesse der Urlaubsgäste. Denn die gesamte Branche der handwerklichen Glasmacher, -bearbeiter und -künstler steht heute unter dem großen Konkurrenzdruck industrieller Massen-Gebrauchsgläser und ausländischer, vor allem tschechischer Billigglas-Produkte.

Glashütten, Glasmacher und Glasveredeler haben im Bayerischen Wald eine Tradition von 600 Jahren und auch seit Jahrhunderten über Europa hinaus schon Weltruf. Beispiele und Einblicke in die Geschichte des Glases zeigt das Glasmuseum in Frauenau und viele noch wertvollere Gläser das Glasmuseum im Hotel Wilder Mann in Passau.

Außerhalb der Ortslagen sind überall im Bayerischen Wald kleine Gewerbegebiete entstanden (Reismühle bei Grafenau) (links)

Outside of towns and villages, throughout the Bavarian Forest, industrial estates were developed (Reismühle in Grafenau) (left)

Aber der Ruf und die Vergangenheit allein reichten eben heute nicht mehr. Nur die geschichtlich gewachsene Erfahrung und die aus Liebe zum Glas ständig verfeinerten Techniken, sowie der künstlerische Umgang damit haben hier jene hohe Qualität hervor gebracht, die wenigstens einen Teil der modernen Glasbetriebe im anspruchsvolleren Produkt-Segment halbwegs überleben lässt.

Im Landkreis Freyung Grafenau stehen heute nur noch nördlich von Grafenau und nahe am Nationalpark zwei bekannte Glaswerke, die als Tochterfirmen zur Nachtmann-Gruppe gehören: die Bleikristallwerke in Riedlhütte und die Kristallglasfabrik Spiegelau im Nachbarort, die auch auf eine sehr lange Tradition zurückblickt. Zu Nachtmann gehört eine weitere Glashütte der Region, in Theresienthal, im Nachbarlandkreis Regen. Das Unternehmen produziert maschinell oder mundgeblasen und dann handwerklich bearbeitet elegante Kelchglas-Serien und Trinkgläsern aller Art für Privathaushalt und Gastronomie, sowie Geschenkartikel. Einige Marken werden global in über 90 Länder exportiert und ihre edlen Gourmetgläser haben bereits weltweit einen Namen.

Weiter entlang der Glasstrasse nach Norden im Landkreis Regen liegt der Schwerpunkt der traditionellen Bayerwald-Glasindustrie. In dem idyllischen Dorf Frauenau wird mindestens schon seit dem Jahr 1400 Glas gemacht. In drei Hütten wird noch heute produziert, es gibt viele Veredelungsbetriebe und ein neu konzipiertes und gebautes Museum wird ab 2004 in Frauenau die Glasherstellung im böhmischen und bayerischen Wald und ihre Erzeugnisse umfassend dokumentieren.

Sich ergänzend aber auch konkurrierend stehen sich in Frauenau zwei berühmte Glashütten gegenüber: Poschinger und Eisch. Beide sind auf ihre Art weltbekannt und exportieren auch weltweit. Die Familientradition der Freiherren von Poschinger reicht allein schon fast 450 Jahre und 15 Generationen zurück. Die älteste Industriellenfamilie der Welt stellt in der alten Poschinger-Hütte mit einer eindrucksvoll hohen Dachkonstruktion neben klassischen und modernen Trinkgläsern oder Vasenserien auch fantasievolle Kunstobjekte her. Insbesondere die wertvollen Poschinger-Jugendstil-Gläser wurden auf internationalen Ausstellungen mehrfach ausgezeichnet.

In vielerlei Hinsicht einen Kontrast dazu stellt die Glashütte Valentin Eisch dar. Das noch junge Unternehmen wurde erst in der Nachkriegszeit gegründet, war zuerst nur ein Glas-Veredelungsbetrieb und wurde danach zu Glashütte ausgebaut. Als die Massenware in funktionalem Design in den Sechzigerjahren stark zunahm, haben der Glaskünstler Erwin Eisch und seine Frau, die Bildhauerin Gretl Eisch, aus Protest eine Gegeninitiative mitbegründet, die später in Fachkreisen als internationale Studioglas-Bewegung Furore machte. Vom weltweiten Erfolg für Erwin Eisch und seine lebendige Art der individuellen, künstlerischen Glasgestaltung ermutigt und angeregt von Frau Eischs Sommer-Glas-Akademie Bildwerk wurde die junge Glasmacher-Generation im Wald weit über Frauenau hinaus stark beeinflusst.

In aller Welt bekannt ist die Firma Rodenstock, aber weniger, dass sie in Regen im Bayerischen Wald ein großes Werk hat. Darin stellt sie Brillengläser und -fassungen, Sonnenbrillen und auch andere optische Glasteile für vielerlei Geräte her.

Mit Schwerpunkt im zentralen Landkreis Regen und Ausstrahlungen in die Landkreise Cham und Freyung-Grafenau ist im Bayerische Wald auch heute viel Kompetenz versammelt: und zwar in allen Bereichen von industrieller, handwerklicher und künstlerischer Herstellung oder Verarbeitung von Glas. Insgesamt zeichnen sich hier für Glas bereits eine über drei Landkreise reichende Cluster-Bildung für Forschung, Erfahrungsaustausch und ein künftig gemeinsames Standort-Marketing ab.

In Zwiesel ist der Sitz der bedeutenden, 1904 gegründeten staatlichen Fachschule für Glas (rechts)

Zwiesel has a specialist glass making school, founded in 1904 (right)

Ein wichtiges Zentrum für Bayerwald-Glas ist die Stadt Zwiesel. Hier steht die alte, aber hochmoderne industrielle Glashütte der Firma Schott/Zwiesel. Sie ist weltbekannt für nicht gepresste, sondern maschinell geblasene Gläser-Service und handwerklich hergestellte Vasen in alter Jugendstiltechnik. Neuerdings präsentiert Schott als Innovation Tritan-Glas, das härter, bruchsicherer und brillanter ist als herkömmliches Glas. Kristallisationspunkt für alle Glasmacher- und Verarbeiterbetriebe, sowie Glaskunst ist die Glasfachschule in Zwiesel. Sie leistet Berufs- und Fachschul-Ausbildung in ziemlich allen weit verzweigten Bereichen der Glasberufe. Im historischen Gebäude wie im Neubau verbindet die Glasfachschule seit ihrer Gründung vor rund 100 Jahren Ästhetik und Funktionalität, sowie die handwerkliche Tradition und den technischen Fortschritt - vom Glasschmelzofen über die Glaspfeifen bis zu modernster Computertechnik.

Von großem Vorteil für die Bayerwald-Region im Landkreis Regen ist, dass es in der modernen Wirtschaft auch ohne Bezug zum Glas eine große Industrie-Vielfalt gibt. Bei Rhode & Schwarz in Teisnach zum Beispiel entstehen neben Gehäuseteilen und Leiterplatten auch Kabel und Wickelteile sowie Anfertigungen für IT-Sicherheit, Rundfunk-, Mobilfunk- und Messtechnik. Die Firma Linhardt stellt in ihrem Werk in Viechtach Alu- und Kunststofftuben für die pharmazeutische Industrie her und die Rehau AG produziert ebenfalls in Viechtach Kunststoffe für die Baubranche (z.B. Heißwasserrohre) und für viele Zulieferer der Automobilindustrie. Auch die Firma Bartec

Schöne Sachen aus Glas sind typisch für den Bayerischen Wald

Beautiful things made of glass are typical for the Bavarian Forest.

Heute wird Holz auch an steilen Hängen mit modernen Maschinen geerntet; Die Verwertungsmöglichkeiten für Schwachholz sind im Bayerischen Wald noch unbefriedigend (links)

Today modern machines can harvest the trees even on slopes (left)

in Gotteszell hat nichts mit Glas am Hut: sie fabriziert komplizierte Messtechniken für Feuchte, Temperaturen und Staubbelastungen, Technik zur Daten-Erfassung in der Milchwirtschaft vom Sammelwagen bis zum Labor, sowie Techniken zum Lagern und Transportieren gefährlicher Flüssigkeiten, wie etwa bei der Betankung am Flugfeld.

Es ist sehr wichtig für den Bayerischen Wald, dass diese Bereiche technologisch höchst moderner Industriebereiche des Wirtschafts-Standorts in Zukunft das Image der Region mit bestimmen. Aber dennoch und trotz zeitweiliger Geringschätzung darf man dabei den ältesten von allen genutzten Ur-Rohstoffen der Region auch heute nicht übersehen. Nicht nur Wälder wachsen über Generationen, sondern auch der Bedarf an Holzsorten und deren immer wieder neue Verwertung entwickeln sich über Generationen von Menschen hinweg. Erst haben Steinkohle und chemische Pottasche per Eisenbahnfracht das Holz als Rohstoff und Energieträger verdrängt. Danach ließ billiges Öl aus scheinbar unerschöpflichen Reserven in aller Welt als Kraftstoff, zum Heizen und als Rohstoff für Plaste und Elaste aller Art das Holz wiederum einige Jahrzehnte lang als nahezu wertlos und überholt erscheinen.

Doch drastisch gestiegener und weiter rasant wachsender Bedarf, jetzt auch in der Dritten Welt, sowie absehbar zu Ende gehende Vorräte, haben die Ölpreise ständig steigen und die Rohöl-Sicherung im Nahen Osten politisch immer schwieriger werden lassen. Darum haben die Forschungen im Bereich der Be- und Verarbeitung von Bau- und Möbelholz, sowie in moderner Technologie für Energiegewinnung aus Brennholz und Biomasse größere Bedeutung gewonnen. Dieser endlos nachwachsende Rohstoff Holz vor der Haustüre hat wieder einen absehbar steigenden Wert. Der stellt auch hier im Wald eine neue Perspektive dar für den Staatsforst wie für die Waldbauern nach der Parole: Mit Holz zurück in die Zukunft!

Heute können moderne Kessel für zentrale Heizungen getrocknete Hackschnitzel als Holzbriketts oder kohlengroße Holzpellets ebenso automatisch einziehen wie große vorgelagerte Scheite und alles nahezu abgasfrei verbrennen. In der Kombination mit der Sonnenenergie aus Kollektoren auf dem Hausdach werden neue Heiztechniken mit Holz in Zukunft ein immer wichtigerer Ersatz für die fossilen Energieträger. Zu sauberem, leicht praktikablem Brennholz können heute aus Wäldern ausgelichtete schnellwüchsige Schwachhölzer und sogar Restholz aus Sägewerken und Holzindustrie verarbeitet werden: für öffentliche Gebäude, Fernheizwerke und auch Privathaushalte.

Als Baumaterial hatte das Holz ebenfalls eine lange Phase der Geringschätzung zu überstehen, weil ölabhängige Kunststoffe für billiger, wetterfest, abwaschbar und sogar schön gehalten wurden. Heute ist Holz in modernen Formen der Verwendung und vielerlei Techniken der Bearbeitung wieder in zunehmendem

Früher benutzte man Pferde (rechts)

In former times the trunks were drawn by horses (right)

Maße gefragt - sowohl für große tragende Konstruktionen als auch für den Innenausbau von Gebäuden. Kichen wie in Hinterschmiding, Mehrzweckhallen wie in Röhrnbach, sowie Fabriken oder Brücken beweisen, dass Holz in Zukunft immer mehr als Baumaterial in alle Bereiche zurückkehrt.

Auch der Tourismus hat manches Umdenken und eine gewisse Rückbesinnung auf alte Werte bewirkt. In Hotels und Wirtshäusern hatte man vor lauter Angst, altmodisch zu sein, alte Holzbalken und Bretterdecken, stabile Holztische und -bänke samt der schönen Holzvertäfelung an der Wand verbannt zugunsten von praktischen Kunststoffplatten aussen und pflegeleichten Resopalmöbeln innen. Auch da sieht man heute allmählich wieder mehr zur Landschaft und den Menschen passendes Naturholz.

Gerade richtig, quasi vor der Haustüre des Bayerischen Waldes an der Donau, wurde daher in Straubing ein Kompetenzzentrum für nachwachsende Rohstoffe eingerichtet. In Zusammenarbeit mit der Technischen Universität München und Fachhochschulen kombiniert es wissenschaftliche Forschung, Information, Anwendungstechnik und Beratung der Verbraucher, sei es für Holz als Baustoff und Brennmaterial oder für jede Art von Biomasse als Energiequelle oder Werkstoff für vielfältige Weiterverarbeitung. Das Kompetenzzentrum Carmen in Straubing bietet künftig auch in diesem Schwerpunktbereich mit dem Rohstoff Holz eine Cluster-Bildung an.

Die Chancen müssen von den Unternehmen im Bayerischen Wald genutzt werden.

Schleifholzlagerrim Ilztal

Timber yard in the valley of the Ilz

Der Geist des Barock in der Kultur

Christliche Wurzeln von Festesfreude, Kunst und aktiver Kultur

Auf dem christlichem Glauben und dem Einfluss der Kirche in früheren Zeiten beruhen auch im Bayerwald viele sehenswerte Kirchenbauten, aber auch Zeugnisse der Kultur, Kunst und Volkskunst. Wie überall in Bayern kommt hier der Geist des Barock dem ganzen Lebensgefühl sinnenfroher Augenmenschen am nächsten. Die barocke Freude an Feiern und an der Schönheit von Farben und Formen ist nicht nur die Grundlage für viele kirchliche oder folkloristische Feste, sondern auch für das kreative Schaffen namhafter moderner Maler und Bildhauer hier.

In Bayern gibt es wahrhaftig auch großartige und wunderschöne Zeugnisse der Romanik, der Gotik und Renaissance in Kirchenbauten, Schlössern und Rathäusern. Doch Altbayern gelten als Augenmenschen, die nicht zu abstrakter Geistigkeit, Lehren und Theorien, nicht zu nüchternen Formen und persönlicher Askese neigen. Generell fühlen sich Bayern von allen Stilarten der Kunst am meisten zu Barock und Rokoko hingezogen. Das liegt auch aber nicht allein am Baustil, sondern an der gesamten Lebenseinstellung des Barock-Zeitalters. Gotik bewirkt Ehrfurcht und stille Demut, Barock und Rokoko lösen Freude an der Schöpfung und Zufriedenheit mit den kleinen Freuden des Lebens aus.

Da sind die christliche Lehren und Legenden auf den Altar- und Wandbildern sowie an Deckenfresken der Kirchen in prächtigen, farbenfrohen Szenen zu beschauen, Engel und Heilige sind fast greifbar nahe und die kunstvoll verzierten Gebeine von Märtyrern im Schrein eines Seitenaltares lösen keinerlei Gruseln oder gar Angst vor dem Tode aus. Gerade die armen Leute in Bayern sahen im Prunk dieser Kirchen einen gemeinsamen Reichtum, der die Pracht der Formen und Farben in ihrer schönen Landschaft ebenso widerspiegelt wie die Verheißung eines besseren Lebens in der Ewigkeit bildhaft ankündigt. Darum haben sie sich auch in ihrer Kleidung, ihren Trachten,

Passau von Nordosten (Seite 118)
Etwa 250 Jahre alt ist dieses Hinterglasbild aus Raimundsreut (oben)
Gotteszell, Abendmahlszene um 1750 (unten)

Passau from the north-east (page 118)
An unknown artist painted this picture on the back of glass (top)
Gotteszell, The Last Supper, app. 1750 (bottom)

Fahnen und Vereinszeichen wenigstens im Rahmen ihrer bescheidenen Möglichkeiten aus tiefster innerer Überzeugung dem Barock angepasst.

Der Passauer Historiker Professor Benno Hubensteiner hat in den Fünfziger Jahren begonnen, kunsthistorische Vorlesungen und Exkursionen in Niederbayern abzuhalten. Er wollte nach den kunstfernen Zeiten von zwei Weltkriegen, Geldentwertung, Nazibarbarei und Nachkriegsnot den ursprünglichen Geist und die lebensbejahende Grundeinstellung des süddeutschen Barock mit Zeugnissen in Niederbayern, der Oberpfalz und Böhmen wieder in Erinnerung rufen und beleben.

Der Mut zur Wiederentdeckung und gründlichen Erforschung der Barockkultur war deshalb notwendig, weil schon vor der Aufklärung in Bayern im 19. Jahrhundert das Barockzeitalter so arrogant abgekanzelt worden war. Viele kannten zwar noch die berühmten Baudenkmäler des Barock und Rokoko. Aber kaum jemand wusste noch, welchen Geist und welches Lebensgefühl sie nach einer ähnlich leidvollen Zeit zwischen dem Dreißigjährigen Krieg und der Französischen Revolution hervorgebracht hat und was barockes Denken auch in Ostbayern bis in den Vorwald herein einst bedeutet hat.

Warum entspricht nun der bayerische Barock derart dem Wesen der Menschen hier an Leib und Seele, Mentalität und Lebenskunst - auch im Bayerischen Wald, wo ja nur ringsum im Vorfeld und in Ausläufern Zeugnisse davon zu sehen sind? Auch viele alte romanische oder gotische Kirchen haben einen barocken Anbau, Turm oder barocke Innenausstattung. Das hängt vor allem damit zusammen, dass bei Überfällen von tschechischen Hussiten, von den Schweden im Dreißigjährigen Krieg und von den Panduren im Spanischen Erbfolgekrieg viele alte Kirchen und Klöster zerstört oder ausgebrannt worden sind. Die Neubauten oder Restaurationen erfolgten dann im Barock- oder später im Rokoko-Stil.

Die Bayern waren immer misstrauisch, aber nie generell fremdenfeindlich. Das belegen viele Künstler und Handwerker aus Italien, Böhmen, und anderen europäischen Ländern, deren Namen gerade aus der Barockzeit mit Kirchen, Schlössern, Rathäusern, Theatern oder Denkmälern verbunden sind. Altbayern sind meist zögerlich gegenüber allem Neuen und Augenmenschen auch im Sinne ruhigen Abwartens: Jetzt mach ma amal garnix, dann schaugn ma amal, dann sehgn ma`s scho. Darum war auch schon die Gotik in Bayern eine Spätgotik, wie Hubensteiner schreibt, und das bayerische Rokoko eher ein ausgereifter Spätbarock. Auch die Tracht war immer Mode, aber halt langsam im Wandel: besser später als weniger schön und fesch!

Auch den Bayerwäldlern liegt es darum mehr, ruhig abzuwarten und skeptisch zuzuschauen als allzu hektische Aktivitäten zu entfalten. Gerade die Verbindung aus Augenschmaus in der Natur und Landschaft, beschaulicher Ruhe und Lebensfreude trotz recht bescheidner Verhältnisse hat immer viele Dichter, Maler, Musiker und bildende Künstler zu Kreativität angeregt oder erst in den Bayerischen Wald gezogen und hier zum Schaffen beflügelt. Nicht der barocke Stil, sondern das barocke Lebensgefühl hat dazu beigetragen, dass auch moderne Künstler in ihrer Zeit jeweils im Bayerischen Wald zu Augenmenschen wurden. Vielleicht liegt es auch an der Kraft des barocken Schauens und Staunens, dass es im Bayerischen Wald weit mehr großartige Maler und Bildhauer gibt als etwa herausragende Literaten und Komponisten. Dass manche großen Künstler im Bayerischen Wald nicht die angemessene Beachtung von überheblichen Kunstpäpsten der Großstädte fanden, ist nicht ihre Schuld.

Was sagen aber nun Geist und Kultur des Barock den heutigen Menschen, einem Urlauber zum Beispiel, dem man Ausflüge zu solchen Sehenswürdigkeiten anpreist? Was ist das Wesentliche daran, was könnten Touristen dem Geist des Barock heute abgewinnen? Es ist doch nicht getan, dass sie nur schöne Barockdenkmäler abklappern und sich bei Besichtigungen wundern über den Reichtum früherer Zeiten hier, so wie anderswo beim staunenden Gang durch antike Ruinen.

Die Barockkultur war zunächst einmal eine ganzheitliche Kultur - ähnlich wie wir heute wieder von einer ganzheitlichen Medizin für Körper, Geist und Seele reden. Barockkultur war nicht nur bildende und Bau-Kunst, nicht nur Barock in Malerei, Musik und Theater. Es war darüber hinaus auch eine besonders warmherzige und gemütvolle Lebenshaltung, eine höchst gefühlsstarke und zugleich sehr lebensbejahende Frömmigkeit, was später im eher puritanischen kirchlichen Bereich oft nur gleichgesetzt wurde mit Verweltlichung.

Barock war jedenfalls eine in sich ruhende runde Sache: Glaube, kirchliche Praxis und Feste, sowie religiöses Brauchtum waren ja nach den Religionskriegen klar geregelt, die Konfessionen stimmten mit den Territorien der jeweiligen Landesfürsten überein. Diese Länder wie das Kurfürstentum aus Ober- und Niederbayern, zu dem nach dem 30-jährigen Krieg (1618 -1648) auch die Obere Pfalz kam, oder das Land der Fürstbischöfe wie in Passau, waren im Zeitalter des Absolutismus alle auf dem Höhepunkt ihres Gottesgnadentums. Die Hierarchien in der Kirche wie im Adel waren unantastbar geregelt; Bürgertum und Bauern, Dienstboten und Leibeigene hatten ihre je eigene feste Rang- und Hackordnung. Auch das entspricht der Mentalität der Altbayern: Sie wollen gern klare Verhältnisse haben und möchten wissen, was ihnen gebührt.

Aber die Kultur des Barock war jedenfalls dort, wo nicht gerade Krieg oder feudalistische Unterdrückung herrschte, überwiegend von ruhiger Beschaulichkeit geprägt. Sie pflegte den Genuss auch bescheidener Lebensfreude, an der Schönheit von Mensch und Natur, am guten einfachen Essen und Trinken und an der Muße für die schönen Künste oder eigene kunsthandwerkliche Betätigung. Man genoß mit sinnlicher Freude die Pracht der runden Formen und fröhlich leuchtenden Farben, genoß das Schauen und das Betrachten von Architektur, Stuckatur, Malerei, bildender Kunst, Musik und Theater bei kirchlichen wie bäuerlichen Festen und Umzügen.

Barockkunst ging auch in Ostbayern zuerst von Fürstenhöfen und Adelshäusern, von Bischofs-Residenzen und vor allem von reichen Klöstern aus. Aber Barockkultur strahlte von der höfischen in die bürgerliche Gesellschaft, von Schlössern, Städten und Abteien aus über das ganze Land - bis hinein in reizende kleine Dorfkirchen. Viele von denen waren natürlich im armen Wald nur ein relativ billiger Abklatsch der großen Vorbilder, eben auch durch nachträgliches Barockisieren der Ausstattung.

Weit mehr als die meisten anderen Stilepochen war die Barockkultur auch eine Volkskultur; sonst wäre sie ja dem Volk in ganz Süd- und Ostbayern nicht so in Fleisch und Blut übergegangen. Freilich waren die Ausprägungen des Barock in Baukultur wie Lebensstil dort kräftiger,

In Rinchnach errichtete der Eremit Gunther aus Niederaltaich im Jahr 1010 eine Zelle. Später stand hier das älteste und für die Urbarmachung des Gebietes wichtigste Kloster des Bayerischen Waldes. Die 1727 von dem Münchner Baumeister Johann Michael Fischer gestaltete Kirche ist eine der reizvollsten Barockkirchen Bayerns (oben)

In Rinchnach Saint Gunther from Niederaltaich built his cell in 1010. This was the origin of the oldest and most important monastery of the Bavarian Forest. The church, built 1727, is one of the most attractive baroque churches in Bavaria (top)

wo sich auch schon wieder mehr Wohlstand entwickelte. Das war im Bayerischen Wald nur sehr begrenzt der Fall und nur mit Verspätung gegenüber dem reicheren Niederbayern.

Die Handwerker und Künstler dieser Zeit kamen jedoch aus dem Volk des Landes, wurden irgendwo im Ausland weitergebildet, brachten aber von zuhause ihr natürliches Gespür und Gefühl mit. Dazu gehörte, dass sie die Figuren und auch die Verständnis-Fähigkeit ihrer Umwelt so mit in die Kunst einbrachten wie die Landschaft und die ihnen bekannten Menschentypen. Ähnliches ließe sich von barocker Kirchen- und Hofmusik mit Ausstrahlungen hinein in die Volksmusik sagen; desgleichen von der sinnlichen Freude am Theaterspielen. Letzteres diente ebenso zur derben Unterhaltung des Volkes wie zur plastischen Glaubensverkündigung Eben nicht über die Vernunft, nicht mit der Wortgewalt wie etwa bei protestantischen Predigern im Norden Deutschlands wurde der Glaube vermittelt, sondern im Süden über die traurigen oder fröhlichen Emotionen der Menschen. Dazu gehörten auch vorweihnachtliche Paradeis-Spiele, österliche Passionsspiele oder musikalische Komödien und fromme Singspiele aller Art.

Damals durfte der katholische Glaube noch Optimismus und Humor haben, wenn etwa am Ende eines Spiels der Chor schmetterte: „Jauchzet alle! Seid vergnügt! Da die Jubellieder klingen, rufet Triumph! Die Liebe siegt! Pauker, laß die Schlegel springen!" Das war gefühlsstarker Auferstehungsglaube und im Wortsinn mit Pauken und Trompeten. Der Barock hat in Bayern sowohl die strengere Theologie der Reformation als auch nach dem Konzil von Trient (1545 - 1563) die der ernsthaften Gegenreformation abgemildert, er hat den Menschen wieder eine Gefühlsreligion geliefert - mit Lieben und Leiden im ganzen Gemüt.

Dazu gehörte der wuchernde Marienkult, dessen vom Konfessionsstreit provozierte Auswüchse und Übertreibungen zeitweise nahe an den Aberglauben reichten. Marien-Wallfahrten haben nun andere Traditionen wie etwa die früher sehr stark verbreiteten Jakobus-, Wolfgang- oder Anna-Wallfahrten (wie zum Beispiel in Kreuzberg bei Freyung) bis heute verdrängt. Allerdings ist jetzt der marianische Eifer abgekühlt und theologisch von allzu

Metten bei Deggendorf. Die Benediktinerabtei Metten wurde im 8. Jh. gegründet. Der Bibliothekssaal des bis heute bestehenden Klosters ist ein Juwel barocker Dekorationskunst (linke Seite)

Metten near Deggendorf. The Benedictine monastery is famous for its library (opposite page)

1758 schuf Johannes Paulus Hager aus Kötzting diese Fischerkanzel für die Wallfahrtskirche Weißenregen südlich von Kötzting. J. P. Hager ist auch der Schöpfer der Abendmahlszene in Gotteszell (rechte Seiten)

In 1758 Johannes Paulus Hager carved the Fishermen's Pulpit for the simple pilgrimage church of Weissenregen near Kötzting (right)

barocken Übertreibungen gereinigt. Aber bis heute ranken sich im Bayerischen Wald gerade in der Vorweihnachtszeit sehr viele schöne fromme Bräuche, Adventsingen Adventslesungen und Wald-Weihnachten um eine gefühlvolle Verknüpfung von stiller Winter-Romantik in der verschneiten Natur mit gefühlvoller Marien-Verehrung mit Bläsern, Stubenmusi und Krippenspielen.

Volksnahe Anschaulichkeit prägte auch die drastischen Predigten der Art von Abraham a Sancta Clara. Aber er und andere berühmte Barockprediger, zu denen das Volk von weither pilgerte, hatten auch eifrige, aber weniger gebildete grobe Nachahmer, die als Volksmissionare durch Dorfkirchen auf dem flachen Land zogen. Von einem Pfarrer im Bayerischen Wald wird erzählt, dass er sich auf der Kanzel derart in seine plastisch-drastischen Schilderungen der für die Sünder zu erwartenden furchtbaren Höllenqualen hinein steigerte, dass die frommen Frauen in den Kirchenbänken unten laut zu schluchzen und zu weinen anfingen. Da taten sie dem lautstark wetternden Pfarrer gleich wieder so leid, dass er tröstend und beruhigend sagte: Da brauchts doch jetzt nicht gleich heulen und flennen - wer weiß, obs wahr is!

Aber die großen Berockprediger wetterten ja nicht nur gegen die „Sündenlümmel" und die Lüsternheit des übermütigen Adels und der reichen Bürgergesellschaft von der Kanzel, sie verkündeten auch ein optimistisches Christentum. Der Bayerische Wald war durch seine ganze Geschichte hindurch vor allem vom lebensbejahenden Orden der Benediktiner und der mit diesen eng verwandten Zisterzienser geprägt und auch viele Passauer Bischöfe waren zuvor Äbte von Benediktiner-Klöstern, von denen etwa Abraham a Santa Clara rühmend sagte: „Da jubilieret es, da geiget und pfeift es und der Himmel hängt voller Bassgeigen."

Die Bayerwäldler haben dies alles freilich weniger in der armen Heimat erfahren, denn da hat nicht allzu viel jubilieret. Vielmehr haben sie früher diese Barockkultur wohl eher bei Wallfahrten erlebt oder während und nach ihrer Saisonarbeit in den Flusstälern Niederbayerns. Es würde hier jetzt zu weit führen, die vielen großartigen Zeugnisse der nahe am Wald angesiedelten Barockkultur zwischen Passau, Ober- und Niederalteich, Aldersbach. Deggendorf, Metten, Straubing und Regensburg oder in Südböhmen und Oberösterreich aufzuzählen, an denen die meisten der großen Barockbaumeister mitgearbeitet haben. Sie stehen ohnehin in jedem Reiseführer und sind auch vom Bayerischen Wald aus im Radius von etwa einer guten Stunde erreichbar.

Das alles ist freilich heute in der Waldregion relativ leicht theoretisch oder mit geführten Kunstfahrten in die nähere Umgebung zu vermitteln. Schwerer ist es dagegen, den Bayerwald-Urlaubern ein Gefühl für barocke Lebenslust und Sinnenfreude mit zu geben. Wie soll man ihnen das innere Jauchzen und Jubilieren des Barock in allen Bereichen der Kunst vermitteln? Das kann etwa in kleinen Konzerten oder in etwas stilvolleren Festen geschehen,als es die meist primitiven und nur lauten Volksfeste im Bayerischen Wald heute sind. Urlauber sollten das gesamte kulturelle Umfeld des Bayerwalds richtig kennen lernen, nicht wie manche meinen, nur in der eigenen Gemeinde ausreichend beschäftigt werden. Das erfordert freilich gut ausgebildete Führer oder Reisebegleiter für Ausflugs- und Besichtigungsfahrten. Die Gäste sollten das barocke Lebensgefühl der Bayern auch nicht nur auf den Speisekarten der Gasthäuser wieder finden und bei farbenfrohen Festen, sondern auch noch weit mehr an den Wänden von Hotels, Pensionen und Wirtshäusern - mit originalen Werken heutiger Maler, Bildhauer und Glaskünstler anstelle von noch viel billigem Kitsch.

Denn was kann das für ein unvergesslicher Urlaub werden, wenn Menschen den Geist des Barock nicht nur besichtigen, sondern hier auch einatmen! Wenn sie begreifen, dass unser Verstand verödet, wenn er keine festen Wurzeln mehr hat weder in der Religion noch in der Natur, auch nicht im Gefühl und Gemüt. Im Bayerwald-Urlaub nicht nur die Sonne suchen, sondern das Licht, mit dem Barockbaumeister immer prächtig zu spielen wussten, das gebietet der Geist des Barock.

Die Bayerwäldler können viel Begabung und Vergnügen an aktiver barocker Theater- und Musikkultur auf verschiedenen Niveaustufen aufbringen. Das zeigen zahllose szenische Darbietungen, Festspiele, Volksschauspiele und Freilichtspiele landauf-landab den ganzen Sommer hindurch. Das Winter-Halbjahr ist sowieso die Hochsaison der Laientheater, der staaden Volksmusik im Advent und der Bunten Abende mit lustigen Einaktern und Kabarett-Szenen.

Es gibt heute eine Vielzahl von modern gestalteten Museen in allen Teilen des Bayerischen Waldes, die Information und Bildung geschickt mit Unterhaltung verbinden, Geschichte wie Gegenwart plastisch darstellen. Das reicht von Waldgeschichte und Holzarbeit über

Veranstaltung der Festspiele „Europäische Wochen" im Innenhof von Schloss Offenberg (rechte Seite)

Event of the festival „European Weeks" in the inner court of Castle Offenberg near Deggendorf (opposite page)

Beispiele für Volkskunst aus dem Bayerischen Wald („Heilig-Geist-Kugel" und „Annaselbdritt") (unten)

Examples of popular art from the Bavarian Forest („Heilig-Geist-Kugel" and Annaselbdritt") (bottom)

FESTSPIELE
EUROPÄISCHE WOCHEN PASSAU
FESTSPIELE
EUROPÄISCHE WOCHEN PASSAU

Einzelausstellung als Sprungbrett einräumt. Im alten Schloß Wolfstein in Freyung, dem früheren Sitz des FürstbischöflichenPflegers, ist ebenfalls eine umfangreiche Sammlung herausragender Maler und Bildhauer der Gegenwart zu sehen.

In der professionellen Hochkultur kann der Bayerische Wald selbstverständlich nicht mit den Opern, Theatern und Museen der Großstädte mit-

Glasmachen, Landwirtschaft und Bauernhäusern bis zu einer Pris der Kultur des Schnupfens und Schnupftabackreibens.

Galerien und Kunstausstellungen geben zudem einen Einblick in das Schaffen zeitgenössischer Maler und Bildhauer. Da gehört beispielsweise das Spurmuseum in Cham dazu, das der 1957 mit Beteiligung von zwei Chamer Künstlern entstandenen Künstlergruppe Spur gewidmet ist und das Cordonhaus in Cham, das nicht nur bekannte internationale Künstler der Gegenwart zeigt, sondern auch jungen Nachwuchskünstlern die Chance einer

halten. Hier ist man auf die gelegentlichen Gastspiele anderer Bühnen, Tournee-Theater und einzelner auswärtiger Künstler angewiesen. Die Waldler können heute jedoch mit geringem Aufwand in die Donaustädte reisen zu Aufführungen des niederbayerischen Städtetheaters in Passau, Straubing, Landshut und Regensburg oder zu den Europäischen Wochen in Passau mit ihren Veranstaltungen bis in den Wald herein. Außerdem werden vom Wolfsteiner Herbst in Freyung über den Kötztinger Kultursommer und die Kunst- und Glas-Akademie Bildwerk in den Frühlings- und Sommer-Monaten in Frauenau bis zu vielen anderen kulturellen Veranstaltungs-Reihen jedes Jahr viele nationale und internationale Künstler und Musiker zu persönlichen Begegnungen in den Bayerischen Wald geholt.

In der aktiven Kultur dagegen, im eigenen Kulturschaffen beim Malen und Schnitzen, Musizieren, Chorsingen und Theater spielen, nehmen es die Menschen im Wald leicht mit den Großstädtern auf.

Musik wird gern gespielt und gehört. Trachtenvereine und Volkstanzgruppen spielen eine wichtige Rolle im Dorfleben (oben)

Music is widely played and loved. Groups wearing traditional costumes and other associations play an important role in the life of the local communities (top)

Im Bierzelt fühlt sich jeder Wohl, auch ein Bischof (unten)

A beer tent is a cosy place even for a bishop (left)

In Herrnfehlburg (südlich von Straubing) haben Kirche und Wirtshaus ein Dach (rechte Seite)

In Herrnfehlburg (north of Straubing) the church and the inn were built together under one roof (opposite page)

Allein die Landkreis-Musikschulen und die örtlichen Blaskapellen bilden ständig Nachwuchs an Hobby-Musikern aus und leisten einen großen Beitrag zum Gelingen kirchlicher wie weltlicher Feste oder Umzüge. Zum Beispiel gibt es die schon traditionelle, von einem Wiener Musikprofessor geleitete Chorwoche an Pfingsten in Hinterschmiding, Sie lockt jedes Jahr rund hundert Chorleiter und Chorsänger, Musiklehrer und Instrumentalisten in den Bayerischen Wald, die gerne einmal zusammen ein paar Konzerte spielen und sich nebenbei auch noch in einem Bayerwald-Dorf erholen möchten.

Man könnte den Geist des Barock heute als eine Art christliches Anti-Stressprogramm bezeichnen. Denn alle Wandgemälde, Deckenfreskos, verspielten Rokoko-Figuren und Stuckaturen sagen uns neben ihrem religiösen Inhalt auch noch: Lass Dir Zeit, genieße die schönen Seiten des Lebens! Du hast ja noch die ganze Ewigkeit vor Dir. Und im Bayerischen Wald ist man weg von der Enge und Hektik der meisten Großstädte, hier hat man mehr Zeit und Raum, wie es der Standort-Slogan für Freyung-Grafenau so treffend aussagt.

In Verbindung mit echt bayerischer Gastlichkeit kann der Urlauber die bayerische Mentalität mit der Liberalität des „Leben und Leben lassen" und die herzlich-grobe, einem Barockprediger würdige Art des Waldlers erfahren, wenn er als unerwarteter Gast in einem Bauernhaus begrüßt wird: Hock di nieder und schneid dir a Broud ober!

Aber, wie schon gesagt, die Bayerwäldler sind eben Altbayern und die sind - wie am Beispiel der Kunst gerade dargestellt - seit jeher barocke Augenmenschen. Das besagt aber auch: sie sind wenig über den Intellekt mit bloßen Glaubenslehren und einer reinen Vernunftreligion zu beeindrucken. Sie sind ebenso in anderen Bereichen meist resistent gegen missionarische Heilslehren, graue Theorie-Diskussionen, oder gar politische Ideologien. Der Altbayer will auch nicht mit Statistiken erklärt bekommen, wie relativ gut es ihm geht. Er will das am Eigentum sehen: an seinem Haus, seiner Wohnung, seinem Auto und dem Geld in seiner Tasche.

Als es ab den Siebzigerjahren des 20. Jahrhunderts auch im Wald wirtschaftlich aufwärts ging, hat man es als erstes an frisch herausgeputzten Häusern, Neu- und Anbauten, Renovierungen und dem reichen Blumenschmuck

der Gärten gesehen. Darüber haben sich schon viele Urlaubsgäste gewundert: So arm können doch die Leute im Bayerischen Wald nicht sein, wenn sie in so schönen Häuschen leben. Aber spare, spare, Häusle baue ist eben nicht nur eine Leidenschaft der Schwaben, sondern auch der Waldler. Viele von denen arbeiten ja in Bauberufen und helfen sich so gegenseitig.

Zu den barocken Augenmenschen in Bayern gehört nicht nur, dass sie sich in Kultur und Kunst stark zum Schaugepränge fröhlicher Farben und üppig runder Formen hingezogen fühlen. Einiges Grundlegende der Philosophie und des Glaubens der Barockzeit ist mit dem inneren Wesen des altbayerischen Charakters so verwandt und eingewurzelt, dass es weit über den Kunst- und Baustil hinaus das Leben bis heute prägt.

Zur Barockkultur gehört auch die gesamte persönliche Lebenseinstellung von der Religion über die Freude am Feste feiern bis zum Essen und Trinken. Wenn ein Pfarrer, ein Wirt oder sonst ein gestandener Mann mehr als 100 Kilo und einen leicht rundlichen Bierbauch vorweisen kann, so spricht man in Bayern wohlwollend von einem barocken bayerischen Mannsbild und sagt spöttisch zum Trost: Ein Bayer ohne Bauch ist nur ein Provisorium.

Hat eine recht dantschig dralle Kellnerin, eine körndlgfuatterte Bäuerin oder sonst eine vorn und hinten pausbackige Frau in einem ausgeschnittenen Dirndl sichtbar üppig runde Formen vorzuweisen, so spricht man von der barocken Figur eines strammen bayerischen Weibsbilds mit viel Holz vor der Hüten. Barock klingt eben schöner als dick oder rund. Wer vor seinem Haus oder der Skihütte viel Brennholz aufgerichtet hat, der friert nicht leicht, sondern dem wird warm. Ein Bild, das sich verständlich vom Haus auf dessen Bäuerin übertragen lässt.

Der seit 1412 nachgewiesene „Pfingstritt" von Kötzting findet alljährlich am Pfingstmontag statt
(oben und unten)

Alle zwei Jahre wird die Vergangenheit beim Heimatfest in Mauth wiederbelebt
(linke Seite Mitte und rechte Seite unten)

The Kötzing Whitsun Calvacade dates back to 1412
(right and bottom left)

In Mauth local customs are revived every two years with the „Heimatfest"
(top left and opposite page bottom)

Bier aus den kleinen Brauereien hat einen besonderen Geschmack. Die Hofmark Brauerei in Loifling bei Cham ist auch der Lieferant für die Hausmarke von Harrods, dem bekannten Kaufhaus in London (rechts oben)

There are still many local breweries. The Hofmark brewery in Loifling near Cham. brews and bottles the „1849 Lager", as an own brand, specially for Harrods in London (top right)

Den naheliegenden Übergang von barocken Menschen in einer ähnlich sanft gewellten Hügellandschaft wie im Bayerischen Wald zu den rundlichen Bauformen oder Zwiebelhauben der barocken Kirchen muß man wohl nicht weiter erläutern; das liegt nahe und ist so bekannt wie die süffisanten Anspielungen auf die Verwandtschaft von bayerischen Männer- und Frauenfiguren mit Bierfasseln, Knödeln, Dampfnudeln und Nockerl. Davon haben Karikaturisten und Zeichner immer schon gut gelebt. Alles, was schön rund, lebensfroh und sinnlich wirkt, nennen wir überall in Bayern vereinfacht Barock. Das ist ja nicht einmal immer falsch, nur halt meist etwas zu wenig.

Der Tourismusverband Ostbayern bezeichnet seit einigen Jahren alles, was Land und Leute in Niederbayern und der Oberpfalz an wohlgeformten geistlichen wie weltlichen Ausformungen zu bieten haben, einfach als Barock. Unter dem Werbeslogan Bier & Barock werden die kunsthistorischen Sehenswürdigkeiten der Region mit dem bayerischen Bier als Inbegriff schäumender Lebens- und Festesfreude quasi aufgegossen wie ein knuspriges rundes Spanferkel am Spieß. Eine relativ gut erhaltene Landschaft kleiner Landbrauereien im Bayerischen Wald ist ebenfalls ein Pluspunkt der Urlaubsregion.

Aus diesem ganzheitlichen barocken Denken und Fühlen mit allen Sinnen ist in Bayern auch die Symbiose zwischen Kirche und Wirtshaus entstanden, zwischen Kloster, Klosterbrauerei und Bräustüberl oder Klostergasthof, sowie zwischen geistlichem Heil und leiblichem Wohl. Es gibt auch im Bayerwald kaum ein Dorf oder eine Stadt, in der Kirche und Wirtshaus nicht Nachbarn sind oder sich gegenüber stehen: aber dann nicht als Kontrahenten, sondern als Partner im gemeinsamen Dienst an Leib und Seele.

Auch der Brauch, nach einer Beerdigung von Kirche und Friedhof ins Wirtshaus zu ziehen, ist ein Erbe des barocken Glaubens an die Auferstehung. Der Leichenschmaus heißt im armen Wald Totensuppe und bestand früher meist nur aus einem Lüngerl. Im Unteren Wald gibt es sogar einen Marsch mit dem Namen „Von da Kircha oba".Der wird von Blaskapellen nach dem Begräbnis auf dem Weg zwischen Friedhof und Wirtshaus gespielt und intoniert bereits den baldigen Stimmungswechsel: Er beginnt als typischer getragener Trauermarsch und wird dann mit der Nähe zum Wirtshaus immer fröhlicher.

Wenn kein besonders tragischer Umstand vorliegt, sondern jemand in gesegnetem Alter das Zeitliche gesegnet hat, wird auch beim letzten Mahl und Umtrunk zu dessen oder deren Ehren die Stimmung allmählich immer lustiger. Denn alle Verwandten und Freunde erinnern sich an gemeinsame Zeiten, frühere Begegnungen, Anekdoten und Jugenderlebnisse oder -streiche; das stimmt sie alle fröhlich, weil man ja böse Taten oder schlechte Eigenschaften meist weg lässt. Aber selbstverständlich steht im Hintergrund bewusst oder eher unbewusst der barocke Glaube an die Auferstehung und an den Tod als bloßen Übergang von einer Welt in einer andere und in ein besseres Leben, in dem man sich sowieso irgendwann wieder trifft.

Nicht nur die Kirche, auch das Wirtshaus, das heißt, die Braukunst und Bierkultur hatten ja seit jeher eigene Bräuche, Rituale und Zeremonien wie man sie von der Religion gewohnt war. Nicht Fürsten und Landadel haben zuerst eigene Brauereien errichtet, sondern die Klöster - anfangs nur für sich als Haustrunk, dann auch für das Volk.

Kirche und Adel lebten zwar nicht erst in der Barockzeit von der Arbeit des Volkes, waren aber als Bau- und Brauherren auch immer Arbeit- und Auftraggeber für Künstler und Handwerker, Bauern, und Tagelöhner:

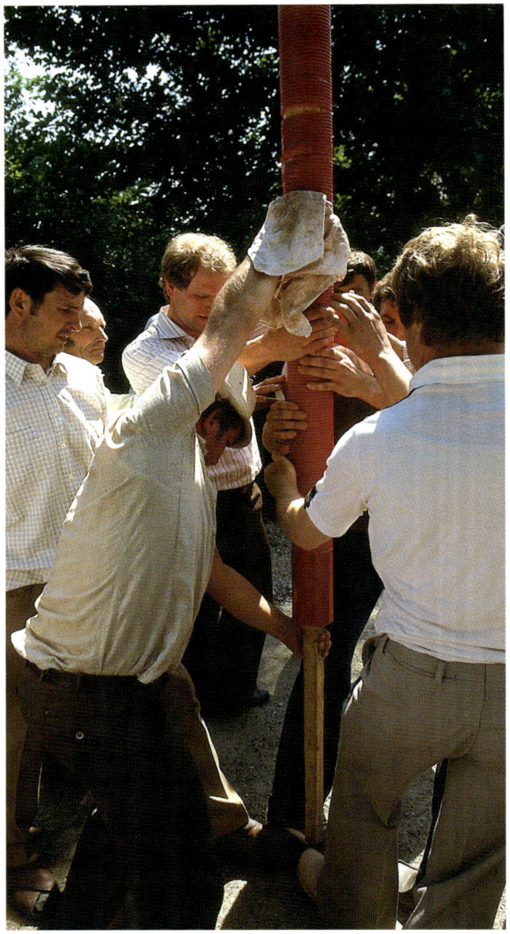

Die spätgotische Wallfahrtskirche (erbaut 1463) auf dem Bogenberg ist alljährlich zu Pfingsten das Ziel der „Bogener Kerzenwallfahrt" (rechte Seite)

Es ist Schwerstarbeit, die etwa einen Zentner schwere Kerze senkrecht den Bogenberg hinaufzutragen (links)

Mit der hoch aufgerichteten Kerze grüßen die Wallfahrer zum Bogenberg, wenn sie ihn beim Kirchlein von Welchenberg zum ersten Mal in der Ferne erblicken (rechts)

sprich Kleinhäusler und Nebenerwerbs-Landwirte. Jedes kirchliche Fest, jede Wallfahrt war ein Geschäft für Kloster- und Schlossbrauereien und ihre Gaststätten. Aber in alten Zeiten, in denen keine Tariflöhne, 40-Stundenwoche und Urlaub bekannt waren, galten kirchliche Festtage zugleich als soziale Einrichtung vor allem für Dienstboten und Erntehelfer der adeligen Gutsherren und der großen Bauern, aber ebenso für Mitarbeiter von Handwerkersbetrieben und Geschäften.

Zeugnisse des christlichen Glaubens findet man auf Schritt und Tritt, wo immer man im Bayerischen Wald hin kommt, Das beginnt mit den genannten Baudenkmälern, sowie den prächtigen Kunstwerken katholischer Klöster und Wallfahrtskirchen insbesondere im früher etwas wohlhabenderen Vorwald. Es reicht von den sogenannten Bayerwald-Domen des stolzen städtischen Bürgertums über eher bescheidene Dorfkirchen in schlichter Schönheit bis zu zahllosen Kapellen auf weiter Flur. Letztere wurden meist aufgrund von Versprechungen in der Not oder zum Dank für Gebetserhörungen privat gestiftet und auch erhalten. Ähnliches gilt für fast alle Bereiche der christlichen Volkskunst: von Bildstöcken, Feldkreuzen, Waffen-Christi-Kreuzen bis zu naiven Hinterglas- und Votivbildern, großen Wachskerzen und Wachsstöcken sowie Bildstöcken, Marterln und Totenbrettern.

Zu den Zeugnissen des christlichen Glaubens nach überwiegend katholischem Bekenntnis gehören neben großen baulichen Denkmälern und kleinen Gedenkzeichen oder Votivgaben auch viele alte christliche Feste und Bräuche. Das galt zumindest für die Bayerwäldler in früheren Zeiten. Heute ist christlicher Glaube bei den meisten jüngeren Leuten nur ähnlich vorhanden wie die

Every year on Whitsun the „Bogener Kerzenwallfahrt" takes place. A 13 meter long pole, covered in wax, is carried up to the pilgrimage church on the Bogenberg (opposite page)

The pole weighs approx. 50 kg and therefore it is heavy work to carry it in an upright position (top left)

Near Welchenberg the pilgrim can see the church on the Bogenberg for the first time and they erect the pole as a greeting (top right)

Die Figur des Hl. Hermann, im Volksmund „Hirmonn" und ihm gespendete Votivgaben (oben rechts und links)

The figure of Saint Hermann, called „Hirmonn" and votive gifts donated to him (top)

Grundfarbe eines Hauses, die von bunteren Tönen des Lebens wie von Lüftlmalerei oder Deckfarbe übermalt ist.

Aber auch an der Oberfläche spielt sich noch viel christliche Scheinwelt ab. Da werden katholische Kirchenfeste und Prozessionen wie etwa an Fronleichnam durch den feschen Aufmarsch der Vereine in farbenprächtigen Trachten und Uniformen mit Musikkapellen, Vereinsfahnen, Standarten und Taferlbuben zu einem Schaugepränge für die Zuschauer am Wegesrand und vor allem für die Urlauber und die vielen Hobby-Fotografen und Video-Filmer unter ihnen.

Der Kötztinger Pfingstritt zum Beispiel am Pfingstmontag jeden Jahres hat ursprünglich ein rein religiöses Motiv: Im Jahr 1412 musste der Kötztinger Pfarrer nachts nach Steinbühl reiten, um einem Sterbenden die Kommunion zu bringen und ihm die Krankensalbung zu spenden. Aus Sicherheitsgründen wurde er von Kötztinger Burschen zu Pferd begleitet. Was auf dem Verseh-Ritt passierte, ist nicht mehr überliefert, weil eventuelle Chroniken im Dreißigjährigen Krieg verbrannt sind. Nur das Gelöbnis blieb erhalten, zur Erinnerung daran, den Ritt jährlich zu wiederholen.

Mit farbigen Papierrosen geschmückt ziehen rund 900 Rösser, viele bäuerliche Amateur-Reiter in Tracht von der Kötztinger Veitskirche zur Nikolauskirche in Steinbühl und danach wird eine Pfingsthochzeit mit Braut und Bräutigam gefeiert. Aus dem frommen Wallfahrts-Versprechen ist heute die größte Pferdewallfahrt Bayerns geworden und zugleich eine der größten Attraktionen für Touristen und Pferdefreunde im Wald.

Die barocke Verknüpfung von geistlichem und weltlichem Leben und die freundliche Nachbarschaft von Kirche und Wirtshaus im katholischen Bayern ist die Ursache dafür, dass auch Wallfahrten nicht abkommen. Sie kommen sogar bei Pfarreien und Vereinen im Bayerischen Wald wieder zunehmend in Mode - samt der Einkehr danach. Diese Einkehr im Wirtshaus mit leiblichen Genüssen gehörte in Bayern immer schon zum Abschluss einer Wallfahrt. Ausflüge oder Wandertage hätte kaum ein geiziger Bauer seinen Dienstboten erlaubt, nicht einmal ein Pfarrer früher seiner Köchin. Aber gegen die frommen Wallfahrten konnte keiner viel sagen, auch wenn es nach Amt und Predigt sofort ins Wirtshaus ging.

Aber auch das Bier muss dort schmecken und darf nicht teuer sein, sonst zieht es das Volk weder an Wallfahrtsorte noch zu den Festen daheim hin. Der Lokalpatriotismus um jeden Kirchturm herum sorgte bis heute für eine relative Vielfalt an Brauereien, für brauhandwerklichen Ehrgeiz und für die Qualität der Biersorten; diese lokale Treue zu unserem Bier ist im Wald noch weithin der wirtschaftliche Rückhalt für die Brauereien im Existenzkampf gegen Brauereikonzerne. Die kleinen Brauereien ermöglichen aber als Sponsoren erst viele kommunale Feste.

Als Ausdruck barocker Freude am Prangen und Schauen wurden früher bei Wallfahrten, Felderumgängen, Fronleichnams- oder Palmprozessionen nicht nur Fahnen und Taferl von katholischen Vereinen, Jungfern- und Bruderschaften mit getragen wie heute, sondern viele Heili-

Die Wallfahrt „Brudersbrunn“ nordwestlich von Grafenau (rechts)

The pilgrimage chapel „Brudersbrunn“ near Grafenau (right)

Zu einem Bauernhaus gehören Arbeitsgerät und eine Heiligenfigur (oben)

A farmhouse needs tools and a figure of a saint (top)

Englmarisuchen“ am Pfingstmontag in St. Englmar (unten)

„Englmarisuchen“ at Whitsun in St. Englmar (bottom)

genfiguren oder oft gleich ganze szenischen Darstellungen als Figuren mitgeführt oder sogar mit kostümierten Mitspielern unterwegs aufgeführt. So hat es zum Beispiel mit dem Further Drachenstich angefangen: Der war zuerst Bestandteil der Fronleichnams-Prozession, wurde dann von der Regensburger Diözese als dem heiligen Altarssakrament unwürdiges Spektakel verboten, aber davon getrennt weiter geführt. Er gilt heute als ältestes Volksschauspiel Deutschlands mit fortgeschriebenem Inhalt.

Aber auch anderswo hatte Fronleichnam oft wenig mit der Eucharistie zu tun und mehr mit äußerem Gepränge zur Selbstdarstellung der Kirche oder der katholischen

Am Zusammenfluss von Schwarzem und Weißem Regen südlich von Kötzting steht die 1795 geweihte Wallfahrtskirche Weißenregen. Zu ihren Füßen sind die neueren Entwicklungen des Bayerischen Waldes unübersehbar gegenwärtig (links)

Near Kötzting below the pilgrimage church Weissenregen (1795), the signs of modern times are obvious (left)

Im Bayerischen Wald gibt es zahllose gusseiserne Wegkreuze. Dieses steht in der Nähe von Hohenau. Im Hintergrund der Grenzkamm, aus dem der Lusen (1.373 m) hervorragt (rechte Seite)

There are many wayside crosses in the Bavarian Forest. This one stands near Hohenau with Mt. Lusen (1.373 m) in the background (opposite page)

Vereine und Verbände. Es war früher der so genannte Kranzltag und bei der Ankündigung hieß es offiziell: Die Jungfrauen haben zu prangen! Schon die Aufklärung in Bayern hat da viele barocke Übertreibungen und abergläubischen Firlefanz abgeschafft, wenn auch oft nur mit zeitweiligem Erfolg verboten. Nach dem II. Vatikanischen Konzil wurde um einer gewissen Rationalisierung des Glaubens, auch um der oekumenischen Annäherung und der Unterscheidung von bloßer Folklore willen an allzu barocken Spektakeln einiges reduziert.

Unbeanstandet gehalten haben sich dagegen so harmlose Umzüge wie die Bogener Kerzenwallfahrt oder das Englmarisuchen in St. Englmar am Pfingstmontag.

Auf ein Gelöbnis von 1475 nach Stürmen und einer Borkenkäfer-Katastrophe geht der genannte Brauch mit der Kerzenwallfahrt an Pfingsten zurück. Mit einer 13 Meter langen und etwa 50 Kilo schweren roten Kerze (einer mit Wachs umwickelten Fichtenstange) wird von Holzkirchen (rechts der Donau bei Vilshofen) in zweitägigem Fußmarsch über 75 Kilometer nach Bogen und von da betend und singend zur barocken Wallfahrtskirche auf dem Bogenberg hinauf gepilgert.

St. Englmar erinnert jeden Pfingstmontag an seinen Namenspatron. Der Eremit Englmar ist der Legende nach um 1100 von Passau her in den Vorwald gezogen und hat zwischen Schwarzach und Viechtach an höchster Stelle eine Klause errichtet. Von einem Gefährten ist er dann ermordet und unter Reisig und Schnee verscharrt, aber um die Pfingstzeit des folgenden Jahres von einem Priester aufgefunden worden. Man brachte ihn ins Tal und errichtete über seinem Grab eine Kapelle für die Wallfahrer. Daraus entstand die heutige Pfarrkirche von St. Englmar. Große Tafelbilder der Barockzeit mit Versen über die Legende hielten die Erinnerung bis heute wach.

Der Brauch des Englmarisuchens geht bis in die Barockzeit im 18. Jahrhundert zurück. Weil das ja auch für die Urlauber recht schön anzuschauen ist, wird der selige Klausner jedes Jahr wieder neu aufgefunden und die Holzfigur in einer Schauprozession mit historischen Kostümen wie ehedem auf einem Ochsengespann durch das Dorf zum Kapellenberg gezogen. Dort wird dann eine Feldmesse zelebriert, was trotz allem Folklore-Beiwerk dem Seelenheil nicht schaden kann.

Während bei rein weltlichen Festen und historischen Festspiele allenfalls geistliche Figuren wie ein Fürstbischof oder ein Mönch wie der Probst von St. Oswald mitspielen, sind die Feste rund um Heilige, die als Glaubensboten oder -zeugen im Bayerischen Wald verehrt werden, heute meist stark gemischt aus geistlichen und weltlichen Motiven. Aber das lässt sich in einer auch nach tausend Jahren noch im Kern katholisch geprägten Region nicht streng trennen. Ob christliche Feste oder Wallfahrten, die religiöse Grundeinstellung und praktizierte Frömmigkeit der einen ist das Geschäft der anderen. Und in der barocken

Glaubens- und Lebenshaltung liegt darin kein Widerspruch, so wenig wie zwischen Kirche und Wirtshaus.

Von Christianisieren oder Missionieren konnte ohnehin bei der späten Erschließung des Bayerischen Waldes vor über 1200 Jahren keine Rede sein, weil gar keine Heiden zum Bekehren da waren. Die ersten Siedler, die den Wald rodeten und urbar machten, waren bereits Christen, ebenso alle, die in den nächsten Jahrhunderten diesen nachfolgten. Aber die Klöster, denen zumeist bestimmte Regionen des menschenleeren Nordwalds von Kaisern, Bischöfen oder Reichsfürsten geschenkt wurden, kannten ihren Auftrag: dem Wald Land abzugewinnen, es nutzbar zu machen und die Besiedlung in geordnete Bahnen zu lenken.

Einige der ersten Benediktiner-Mönche, Patres wie Arbeits-Fratres, vom Kloster St. Emmeram in Regensburg, von den im Vorwald errichteten Klöstern Reichenbach und Walderbach, ferner von den Donau-Klöstern Niederaltaich und Metten zogen mit den Siedlern zum Roden in den Grenzwald und errichteten dort wieder neue Klöster wie in St. Oswald bei Grafenau oder Rinchnach bei Regen. Sie werden zwar oft Bayerwald-Missionare genannt, waren aber eher begleitende Seelsorger. Was die Arbeit betraf, waren sie für die Holzhauer, Bauern, Handwerker und Tagelöhner zugleich auch mächtige Grundherren, Lehrmeister, Arbeitgeber und Aufseher.

Diese Mönche prägten nach der Regel des Hl. Benedikt, mit dem Prinzip ora et labora, dem Wechsel von Arbeit und Gebet, durch Jahrhunderte das harte Leben der Waldler. Da dieses sehr eng mit der Natur, ihrer Schönheit wie ihren Gewalten verbunden und von ihr abhängig war, hat auch die Religiosität der Bayerwäldler, die sich in ihren Festen und in ihrem Brauchtum widerspiegelt, manche Nähe zu heidnischen Naturreligionen behalten. Es gehörte in der Kirche schließlich noch bis ins Mittelalter zum klugen römischen Prinzip, heidnische Riten und Bräuche nicht als Aberglauben zu bekämpfen, sondern sie neu mit christlichem Sinngehalt zu erfüllen und nur umzutaufen.

Solche Bräuche und viele kirchliche Feste, soweit sie erhalten sind, unterscheiden sich allenfalls in Abwandlungen von ähnlichen im übrigen Deutschland, Bayern oder Österreich. Doch einige spezielle Bräuche, Feste oder Festspiele im Bayerischen Wald gehen auf die Zeit der Rodungsklöster oder Eremiten zurück, die sich aus mancherlei Gründen in die Waldeinsamkeit zurückgezogen hatten. Dazu gehören Bräuche und Festspiele, die sich um diese Bayerwald-Missionare ranken: Die seligen oder heiligen Gunther, Hermann oder Englmar.

Um die erste Jahrtausendwende führte der Reichsgraf Gunther von Thüringen bis zu seinem 50. Lebensjahr ein ritterliches Leben mit hohen Ämtern und Feld- oder Kreuzzügen an der Seite der Kaiser. Dann trat er in den Orden der Benediktiner ein und zog von deren Kloster Niederaltaich als sogenannter Rodungsapostel, zumindest als geistlicher Begleiter und ritterlicher Beschützer, mit den Siedlern in den Inneren Bayerischen Wald nach Rinchnach, wo er 1011 ein Kloster gründete. Die mehrfach zerstörte oder niedergebrannte, wieder auf- und umgebaute und jetzt sorgsam renovierte spätbarocke Klosterkirche der Propstei von Rinchnach ist eine Sehenswürdigkeit; über die Geschichte des Heiligen Gunther und die Legende über ihn wird ein historisches Freilichtspiel aufgeführt.

Der Namenstag des Hl. Laurentius am 10. und der des Hl. Bartholomäus am 24. August sind die Hauptfeste der Hermanns-Wallfahrten und zugleich Wallfahrtsfeste der Trachtenvereine und anderer Gruppen im Oberen Bayerischen Wald. Hermann war ebenfalls Benediktiner-Mönch, kam aber nicht hierher in die Nähe von Bischofsmais, um ein Kloster zu gründen, sondern um sich abseits der Welt zum Beten in eine Einsiedelei zurück zu ziehen. Er zog später weiter nach Frauenau, wo er 1326 auch starb.

Aber die im 17. Jahrhundert zur Erinnerung an Hirmon an Stelle der alten wieder neu erbaute Einsiedelei mit der Hermanns-Zelle, einer schindelgedeckten Brunnen-Kapelle und der erst 1677 fertig gebauten Wallfahrtskirche, ist heute noch Ziel vieler Besucher aus dem Wald. Das bestimmende Motiv für die Wallfahrer können die Gebete zum verklärten Hl. Hermann sein oder der Glaube an die Heilkraft des Brunnenwassers. Vielleicht mischen sich auch beide Motive mit den weltlichen Freuden der Hirmons-Kirwa, wie die an den genannten Festtagen abgehaltenen Kirchweih-Feste genannt werden. Das muss aber jeder von ihnen für sich selbst beantworten.

Da der ganzheitliche Geist des Barock nicht zwischen dem Jubilieren über den Auferstehungsglauben und der Freude am Arbeiten oder Feiern im weltlichen Leben unterscheidet, spielt es für die Menschen im Bayerischen Wald auch keine große Rolle, wie sich ihre Kultur aus christlichen und weltlichen Wurzeln entwickelt und miteinander vermischt hat. „Bei uns, da is d'Kultur no net so weit" heißt es ungefähr im Grafenauer Waldlermarsch, dessen Dichter und Komponisten man jetzt in Neuschönau zum 100. Jubiläum ein eigenes Denkmal gesetzt hat. Doch die Entwicklung des Bayerischen Waldes ist in Wahrheit längst über die beiden hinweg gegangen.

Es gibt nix Besseres als was Guats

In Bräuchen und Festen mischen sich Kirchen-und Bauernjahr

Auch wenn der Bayerische Wald in seiner Geschichte zu den ärmsten Regionen Bayerns zählte, ist er reich an Brauchtum und Festen. Da die Menschen in dieser Ferienregion bis nach dem II.Weltkrieg selbst kaum Urlaub kannten, waren kirchliche Feste und Feiertage fast der einzige soziale Ausgleich zur harten Arbeit. Neben heidnischen Naturkulten hat das Brauchtum meist religiöse oder bäuerliche Wurzeln. Wo Traditionen fehlen, ist meist der Tourismus die treibende Kraft, alte Bräuche wieder zu beleben, historische Anlässe als Festspiel zu gestalten und kirchliche Festtage mit barocker bayerischer Lebensfreude mit zu feiern.

Bei vielen Festen oder Bräuchen im Bayerischen Wald mischen sich Legenden, Sagen und echte Frömmigkeit mit Naturkulten und Angst vor Geistern und Gespenstern. Diese Bräuche sind teils streng getrennt erhalten geblieben, teils überschneiden sich aber christliche Fest- und Feiertage und die katholische Marien- und Heiligenverehrung mit uraltem Aberglauben und Kulten. Doch das bunte Gemisch hat weder dem Glauben noch der Festesfreude jemals Abbruch getan. Für jede Not, jede Krankheit und für den Schutz jedes Berufsstandes hatte man spezielle Heilige als Patrone, aber wo es noch Naturkulte gab, führte man auch sie sicherheitshalber weiter. Doppelt gnaht hält besser sagt der Volksmund und: Wenn es auch nichts hilft, so schadet es doch zumindest nicht.

Den Kindern und Jugendlichen sind wohl die sogenannten Heische-Bräuche am liebsten. Früher zogen sie meist singend von Haus zu Haus, um eines Brauches halber Naturalien wie Eier, Krapfen, Obst oder Kuchen zu heischen (fordern) oder sie erhielten dazu noch ein paar kleine Geldstücke. Heute möchten sie möglichst nur noch Geld und nicht gern kleine Münzen, sondern Scheine.

Zu diesen Heische-Bräuchen gehört auch das Absperren und Freikaufen von Hochzeits-Gesellschaften vor der Kirche oder das Ausräuchern von Häusern und

Im Erdgeschoß ist dieses alte Bauernhaus bereits modernisiert (oben)

The ground floor of this old farmhouse has already been renewed (top)

Aufstellen des Maibaums (Seite 136)

Sternsinger am Dreikönigstag (links)

Wer die Sau selber mästet, schlachtet und verarbeitet, weiß, was er isst (rechts)

The erecting of the maypole (previous page)

Carol singer on Epiphany (left)

Those who feed, slaughter and process their own pigs know what they are eating (right)

Wohnungen an Dreikönig mit Weihrauch, Liedern und Versen - wobei dann mit Kreide die Namen Caspar, Melchior und Balthasar abgekürzt als C+M+B (auch als Segensspruch Christus mansionem benedicat gedeutet) an die Türen geschrieben werden. Als die wilden Betteleien komisch maskierter Dreikönigs-Karikaturen überhand nahm, hat die katholische Kirche quasi als erfahrene Fach-Institution im Geldsammeln den Brauch geschickt an sich gezogen und ein wenig kultiviert. Jetzt kommen Sternsinger an Dreikönig im Auftrag der Pfarreien ins Haus und sammeln singend Spenden für die armen Heidenkinder in der Dritten Welt.

Ein geradezu klassisches Durcheinander von christlichen, heidnischen und bäuerlichen Bräuchen sind Silvester, Neujahr und das Fest der Heiligen Drei Könige. Dass Glaube und Aberglaube sich in dieser Zeit quasi die Türklinke in die Hand geben, hängt auch damit zusammen, dass das Kirchenjahr in früheren Jahrhunderten zuerst mit der Erscheinung des Herrn (Epiphanie) am 6. Januar und noch mehrfach zu verschiedenen Zeiten begonnen wurde. Auch der weltliche Kalender ist erst seit 1691 von Papst Innozenz XII. auf einen Jahresanfang am 1. Januar festgesetzt worden.

Darum sind Bräuche, die früher noch mit dem Dreikönigsfest zusammen hingen, zum Teil auf Silvester vorgerückt, andere nicht. Meist uralten heidnischen Ursprungs sind Bräuche, die mit Rauhnacht, Freinacht, Losnacht oder Walpurgisnacht zusammen hängen. Auf jeden Fall sind die Rauhnächte, in denen nach uraltem Volksglauben Geister und Hexen umgehen oder Tiere sprechen können, trotz der heiligen Zeit zwischen Weihnachten und Dreikönigstag nicht von christlichem Ursprung, sondern hängen eher mit der Wintersonnenwende und dem Jahreswechsel zusammen. Ebensowenig sind Lostage und Losnächte, in denen Weissagungen oder Los-Würfe die Zukunft deuten sollen - wie bei heidnischen Opferfesten üblich - jemals von einer Kirche christlich umgetauft worden.

Aber da die Neujahrsnacht so eine Losnacht ist, gibt es eben zahllose Bräuche, die Zukunft zu weissagen, sei es durch Bleigießen, Schifferl aus Nuss-Schalen,

Pantoffel-Werfen, Zählen von Zaunstecken oder dergleichen mehr. Dazu gehören auch Glücksbringer vom schwarzen Kaminkehrer über den roten Fliegenpilz oder ein vierblättriges grünes Kleeblatt bis zum rosaroten Schweinderl, dem früheren Trostpreis nach verlorenen Spielen. Wer im Neuen Jahr Schwein haben will, muss daher nach alter Regel an Silvester und Neujahr unbedingt Schweinernes Fleisch essen, möglichst mit Kraut. Da die Bauern früher vor dem Zyklus von Weihnachts- und Neujahrs-Feiertagen ihr größtes und fettestes Mastschwein geschlachtet haben, war diese Weissagung nicht allzu schwer: Notnickel, die schon an Neujahr kein Schweinernes mehr im Haus hatten, waren selbst arme Schweine und im nächsten Jahr auch keine Glückspilze.

Abgesehen von vereinzelten örtlichen Rauhnachts-Bräuchen wird zum Beispiel die Waldkirchner Rauhnacht am Abend vor dem Dreikönigsfest auf dem Marktplatz gefeiert. Da treiben Hexen, Teufel und Druden, sowie sonstige Spuk-Gestalten und Galgenvögel ein fröhliches Unwesen. Und um Mitternacht versammeln sie sich dann um einen Galgen, an dem unter schauerlichen Gesängen eine Strohpuppe als Hex' verbrannt wird. In Frauenau im Mittleren Wald dagegen wird erst am Faschings-Samstag ein berühmt gewordener Ball mit buntem Maskentreiben unter dem Motto Frauenauer Rauhnacht veranstaltet. Schon das Einladungs-Sprücherl verrät die gespenstische Maskerade:

Der Uhu, Wolf und Luchs,
die Hex, die Drud, der Zaubermeister,
Nachtgespenster, Nebelgeister,
Waldschrat, Kräuterweib und Fee,
Wildschütz, Fledermaus und Reh,
die Wildkatz und der Teufelsbraten,
ihr alle seid heut eingeladen.

Auch die Faschingszeit kennt im Bayerischen Wald abgesehen von Bürger-, Haus- oder Vereinsbällen noch vielerlei Bräuche, die sich mitunter nur mit dem Namen von ähnlichen in anderen Gegenden unterscheiden. Die Weiberroas am unsinnigen Donnerstag entspricht in etwa der rheinischen Weiber-Fasnacht und das Stelldichein der Halser Hexen bei Passau ähnelt der Waldkirchner Rauhnacht. Eine große Gaudi ist zum Beispiel die Narrenhochzeit am Rosenmontag, bei der ein möglichst kleiner zarter Bräutigam mit einer möglichst großen schweren Braut unter Verbalhornung kirchlicher Zeremonien mit Pfarrer, Mesner und Ministranten getraut wird. Ebenfalls eine Gaudi-Parodie auf den katholischen Beerdigungs-Ritus ist der recht derbe, ja makabere Brauch, um Mitternacht des Faschingsdienstags den Fasching, meist einen ohnehin schon recht betrunkenen, mit teilweise rüden Chorälen und Litaneien einzugraben: in einem Sautrog aufgebahrt, mit Restbier überschüttet und von vier Männern hinaus getragen. Den Brauch konnte man dezent zelebrieren, aber es gab auch oft für den geschmacklosen Ausbau keine Grenzen.

Da der Tod aber zum Leben gehört, hat es im Bayerischen Wald wie in den Alpen und im gesamten altbayerischen Raum immer auch ernste Bräuche gegeben, die entweder mit dem natürlichen Sterben zusammen hingen oder auch mit Natur-Katastrophen wie Blitzschlag oder Hochwasser, mit Arbeits-Unfällen in Feld, Wald oder Stall und mit Unglücksfällen oder Überfällen unterwegs.

Gedenksäulen aus Stein waren früher im Bayerischen Wald sehr zahlreich (oben)

Memorial stone in the Bavarian Forest. (top)

Fastnacht in Frauenau. Bei der „Rauhnacht" verkleiden sich die Besucher nach Motiven des Bayerischen Waldes (links)

Carnival in Frauenau. During the „Rauhnacht" (rough night) festival people dress up as mushrooms, animals or mountains of the Bavarian Forest. (top left)

Ein Marterl aus Stein, als Holztaferl oder Eisenkreuz wird in Bayern, Österreich und Südtirol traditionell von den Angehörigen am Feld-, Wald- oder Straßenrand aufgestellt, wo ein Mensch verunglückt oder umgebracht worden ist. Manchmal sind darauf nur Name und Daten angegeben mit der Bitte an den Wanderer um ein Gebet, manchmal wurden dazu noch fromme Ermahnungen oder sinnige Marterlsprüche darauf geschrieben.

Das führte früher oft wegen naiver Aussagen, Sprach- und Schreibfehlern oder Angaben in lakonischer Kürze über die Todesumstände zu unfreiwilligem Humor oder gar zur Grobheit. Zum Beispiel: Der Weg zur Ewigkeit ist gar nicht weit. Um 7 Uhr fuhr er fort, um 8 Uhr war er dort; oder: Hier ist ertrunken Anna Lentner, sie wog mehr als dritthalb Zentner, Gott geb' ihr in der Ewigkeit nach ihrem Gwicht die Seligkeit!; Er lebte fromm und recht, der hier derdruckte Bauernknecht. Zum Glücke war er ledig, Gott im Himmel sei ihm gnädig!; Konnt' ich den Tod nicht hoffen, hat mich der Baum getroffen. Manche Marterlsprüche wiederholen sich mit leichten Abwandlungen in verschiedenen Gegenden, weil man sie einmal irgendwo

gelesen und bei Gelegenheit wieder verwendet hatte, andere waren aus schwarzem Humor frei erfunden.

Die Totenbretter im Bayerischen Wald haben zwar von den Inschriften her Ähnlichkeit mit den Marterln, aber einen anderen Ursprung. Als es noch keine Leichenhäuser auf den Friedhöfen gab, wurden die Verstorbenen drei Tage lang zuhause in der Sterbestube auf einem Brett aufgebahrt und die Nachbarschaft kam abwechselnd zur Totenwache im Gebet. Im Winter war es in machen Gegenden sogar üblich, dass Verstorbene auf dem Totenbett festgefroren zuhause auf dem Dachboden aufbewahrt werden mussten, weil man im tiefen Schnee nicht zum Friedhof durchkam oder dort von Hand kein Grab in die gefrorene Erde graben konnte; erst im Frühjahr fand dann die Beerdigung statt.

Danach wurde jeweils das Brett, auf dem tote Angehörige aufgebahrt lagen, kunstvoll zugeschnitten oder sogar zugeschnitzt und beschriftet. Die einen schrieben nur Name, Stand und Lebensdaten darauf, die anderen kurze Gebetsbitten oder so ähnlich fromme und belehrende

Winterblick von den Hängen des Haidel (1.167 m) nach Süden (linke Seite)
Totenbretter sind im Bayerischen Wald häufig anzutreffen. Sie werden zur Erinnerung an die Verstorbenen aufgestellt (oben und Mitte)

A view from Mt. Haidel (1.167 m) to the south in wintertime (opposite page)

Funeral boards are erected in memory of the dead, whose spirits, according to popular belief, rest behind them (Middle and top)

Verse wie auf den Martlern, z.B.: Wo Du stehst und wo Du gehst, bist Du in der Spur des Vaters und trittst auf den Boden, den er mit Schweiß gedüngt.

Die Verwendung der Totenbretter war örtlich unterschiedlich: manche stellten sie anstatt oder zusätzlich zu Grabsteinen am Friedhof auf, manche nahe am eigenen Haus, andere nagelten sie für die verstorbenen Angehörigen nebeneinander an eine Stadlwand. Die einen versuchten die Totenbretter zum längeren Gedächtnis zu konservieren, andere hielten sich an den Brauch, schnell moderndes Holz zu verwenden, weil nach altem Aberglauben im Wald die Seele eines Verstorbenen erst erlöst wird, wenn sein Totenbrett verwittert ist. An der Kapelle des Bauernhaus-Museums in Lindberg bei Zwiesel sind Beispiele von Totenbrettern aufgestellt und zu besichtigen.

Es wurden aber nicht nur kirchliche Feste mit viel äußerlichem barocken Schaugepränge und weltlichen Freuden ausgestaltet. Umgekehrt begleiten die Geistlichen oft auch öffentliche Feste aus weltlichen Anlässen mit feierlichen Einweihungen, die kirchlich gesehen keine

(nur auf sakrale Einrichtungen beschränkte) Weihe sind, sondern nur eine Segnung, nämlich den Gebetswunsch, dass dies oder jenes Profane den Menschen zum Segen oder zum Heile gereichen möge. Das reicht dann von der festlichen Eröffnung eines neuen Hallenbades oder der Installierung eines Feuerwehrautos über das Jubiläum eines Schützen- oder Krieger- und Veteranenvereins mit der Stiftung neuer Fahnenbänder bis zur Errichtung eines Kur- oder Sportzentrums - mit Festgottesdiensten oder bloß Segnungen.

Damit verleiht die Kirche aber nicht nur der Sache selbst und den mit ihr Befassten mehr Bedeutung durch Feierlichkeit, Weihrauch und religiöse Würde. Vielmehr zeigt das auch, dass für die Menschen selbst ohne persönlich engagierten Glauben doch die Kirche und der Segen Gottes einfach selbstverständlich zum Leben gehören. Das eröffnet den Seelsorgern aber auch die Chance, durch gute Predigten an Kirchenfernen wieder Glaubensverkündigung zur Erinnerung an die Religion zu betreiben.

Die Wünsche nach kirchlichem Segen für sehr profane Dinge sind oft grotesk, doch niemand hätte dafür Verständnis, wenn ein Pfarrer den kirchlichen Segen verweigern würde. Wenn er weiß, dass er dabei mehr im Dienste des Fremdenverkehrs oder gar des kommunalen Persönlichkeitskultes steht, fällt es ihm oft merklich schwer, noch irgend eine religiöse Kurve zu kriegen. Darum wird auch im Klerus über einen alten Pfarrer, Prälaten oder Bischof in wohlwollender Ironie gesagt: Er segnet alles - nur nicht das Zeitliche.

Eine Art sozialer Nebeneffekt waren die Bräuche, an kirchlichen Festen und Feiertagen Gesottenes und Gebratenes aufzutischen, also auch die Knechte, Mägde und Gesellen, die sonstigen Bediensteten oder alten Austragler einmal besonders gut zu bewirten. Dazu gehörte es meist, dass die Hausfrau, die Bäuerin oder die Meisterin für alle Kropfa gebacken hat. Kropfa sind nicht Kröpfe, sondern Krapfen: an Fasching meist mit Marmelade gefüllte Berliner Krapfen, an anderen Festen überwiegend etwa tellergroße Küachl (Kücherl), die anderswo wegen ihrer hellen Mitte Fensterküachl, auszogne Schmalznudeln

Im „Kapplhof" im Freilichtmuseum Finsterau werden nach traditioneller Art Krapfen in Schmalz ausgebacken (rechts)

At the museum Finsterau traditional doughnuts are baked (opposite page)

Vereine und Dorfgemeinschaft bei einen Umzug mit Blasmusik (links oben)
Ein neues Feuerwehrauto erhält den kirchlichen Segen (Mitte)
A parade with music (left)
A new fire engine receives a church blessing (middle and bottom)

oder Auszogne heißen. Lustig ist die Fasenacht heißt ein alter Kindervers, wenn mei Muatta Kropfa oder Küachl bacht: zwei mundartliche Varianten - ein gleich guter Gedanke.

Zur früher selbstverständlichen Samstags- und zeitweise in der Landwirtschaft notwendigen Sonntagsarbeit, sowie zum Fehlen jeglicher Urlaubstage gab es einen gewissen Ersatz, den man heute vielleicht einen Sozialausgleich der Kirche für das Lebens-Arbeitszeitkonto nennen würde. Bayern hat heute noch die meisten Feiertage, aber sehr viel weniger als früher das Agrarland. In weiten Teilen des Bayerischen Waldes wie in fast allen ländlichen Regionen Bayerns werden aber nicht nur gesetzliche zweite Feiertage an christlichen Hochfesten eingehalten und eifrig als Bestandteil der Kultur verteidigt. Vielmehr werden auch einige alte Bauernfeiertage wie Mariä Lichtmess, Josefitag, Aschermittwoch, Osterdienstag oder Kirchweihmontag, wo immer es sich machen lässt, nach altem Brauch eingehalten. So wird zum Beispiel am 19. März der vom Staat gestrichene Josefitag in Waldkirchen von vielen Trägern des beliebten Vornamens bei einem Starkbierfest wieder gefeiert.

Überhaupt hat ja das Bemühen der Städte und Dörfer im Bayerischen Wald, schöne Feste und Bräuche für die Urlaubsgäste zu bieten, zum Suchen und Graben in alten Truhen und Chroniken sowie der Kirchengeschichte geführt. Und mancherorts wurden dann Feste, Bräuche oder Festzug-Anlässe ausgegraben, die zu Veranstaltungen führten, bei denen mehr die Folklore für Touristen als wirkliche Frömmigkeit Pate stand.

Die Waldkirchner zum Beispiel erinnerten sich an die Zeit des Fürstbistums, als von Zeit zu Zeit der fürstbischöfliche Marktrichter aus Passau mit Gefolge anrückte, um die niedere Gerichtsbarkeit gegen Diebe und Betrüger, Beutelschneider, Zechpreller, Ruhestörer und Raufbolde nach Art des königlich-bayerischen Amtsgerichts auszuüben. Daraus entstand durch mehrmaligen Ausbau des öffentlichen Gerichtes mit neuen Fällen, Szenen, Texten und Umzügen ein heute zweitägiges lustiges Marktrichter-Fest mit buntem Markttreiben.

Als die Stadt Grafenau 1976 ihr 600-jähriges Bestehen feierte, suchte man eine Attraktion. nicht zuletzt auch für die Touristen. Man fand sie in der Geschichte: die Salzsäumer, die das Salz aus den Alpen von der damals noch bayerischen Stadt Schärding am Inn auf der Guldenstraß in Handelszügen mit Planwagen und Tragpferden durch Vilshofen, Haus im Wald und Grafenau über den Saum nach Bergreichenstein in Böhmen brachten. Seither wird auf stark verkürzter Strecke jedes Jahr im August der Grafenauer Säumerzug in historischen Kostümen mit vielen Pferden und Markttreiben zu einem Säumerfest für Einheimische und Urlauber.

Etliche Jahre später haben die Dörfer Grainet und Hinterschmiding am Fuß des Haidel ein ähnliches Säumerfest eingeführt und auf ihre Weise ausgestaltet, denn auch im Fürstbistum zogen einst Salzsäumer von Passau aus über drei Goldene Steige durch diese Dörfer nach Böhmen - in Richtung Prachatitz. Da Saum nicht nur den Traggurt des Pferdes bedeutet, sondern auch Grenze, würde es sich anbieten, alle grenzüberschreitenden Beziehungen in der Kommunalpolitik, in der Wirtschaft, im Handel, in der Kultur und im Tourismus von heute mit dem historischen Begriff der Säumer einheitlich im bayerischen wie böhmischen Grenzgebiet zu vermarkten.

Man könnte aus verschiedenen konkurrierenden Einzel-Veranstaltungen und Festen ein grenzüberschreitendes Konzept für einen terminlich abgestimmten gemeinsamen Sommer im Säumerland mit Fest- und Kulturprogramm erarbeiten und überregional das Säumerland vermarkten bis zur Säumerwurst mit Säumer-Brezen. Denn das Säumerland wäre ein Markenzeichen, das nicht leicht eine andere Region vorweisen könnte. Aber dem steht bisher noch überall die eifersüchtige Kirchturmpolitik entgegen und die traditionell eigenbrötlerische Rivalität der Gemeinden untereinander egal ob zwischen den Boarischen, Böhmischen oder Bistümlern.

Die ältesten Siedler im Bayerischen Wald haben nicht nur mit den sie begleitenden Mönchen die christlichen Bräuche gepflegt, sondern auch aus dem bevölkerungsreichen Bauernland, von dem sie her kamen, schon alte heidnische Naturbräuche mitgebracht: Riten zur Vertreibung von Dämonen, zum Bannen von Unglück und Krankheiten oder zur Beschwörung der Fruchtbarkeit und das alles bei Menschen wie Tieren und Feldern. Diese Bräuche wurden zum Teil dann etwas oberflächlich christlich eingefärbt, indem man sie nachträglich mit kirchlichen Weihen oder Segnungen kombinierte, wo es gerade noch halbwegs vom Glauben her vertretbar war.

Dazu gehören beispielsweise germanische Sonnwendfeiern, die wegen des gleichen Datums mit dem Fest des Hl. Johannes des Täufers in reinigende oder gar prophetische Johannisfeuer umgewidmet und von den Nazis zeitweise neuheidnisch regermanisiert wurden. Doch ob christlich oder germanisch, das Wichtigste dabei ist, dass man beim Drüberspringen nicht ins Feuer hinein fällt und dass Liebespaare wenigstens selber an die längere

Haltbarkeit der Glut glauben.

Viele Bräuche und Feste haben sich auch entlang des Bauernjahres entwickelt und teils noch Ursprünge in heidnischer Zeit, teils ebenfalls Umwidmungen im Kirchenjahr erlebt. Viele traditionelle bäuerliche Arbeiten oder Tätigkeiten im Bauernhof finden heute in der modernisierten und voll mechanisierten, rationalisierten und meist hoch spezialisierten Landwirtschaft nicht mehr statt. Darum werden sie beispielsweise im Freilichtmuseum Finsterau, im Landwirtschafts-Museum Regen, im Webereimuseum Breitenberg oder auch in Städten und Märkten wie etwa Waldkirchen als festlich umrahmter Brauch zur Erinnerung und Demonstration vorgeführt.

Das Holz-Abfahren per Schlittenzug und Pferden im Winter gehört ebenso dazu wie das von Frauen mit Singen

Absterbender Hochwald am Lusen (rechts)
Am Johannestag (24.6.) wird das Sonnwendfeuer entzündet, das gelegentlich von einer mit Stroh ausgestopften Puppe gekrönt ist (links)

On Midsummer Day (24th of June) a huge pile of wood - sometimes with a puppet on top - is set on fire (left)
Dying high forest on Mt. Lusen (opposite page)

Frühjahr im Bayerischen Wald: Ein Maibaum wird aufgestellt (links)

Ziegen und Gänse (unten)

Springtime in the Bavarian Forest (left)

Geese and goats are kept at many farmhouses. These four geese live in the open-air museum in Finsterau (bottom)

und Erzählen in der Bauernstube gemeinsam betriebene Woll zausen Flachs hecheln, oder Federn schleißen. Zu den bäuerlichen Bräuchen ohne religiösen Bezug gehörten früher auch die historischen Viehmärkte im Frühjahr oder im Herbst das Dreschen des Korns mit den Dreschflegeln oder alten Dreschmaschinen mit dem Dampf oder einem alten Bulldog mit Treibriemen. Anschließend gab es als zünftigen Abschluß der schweren Drescher-Arbeit eine Dreschersuppn mit Musik, Spielen und einer deftigen Mahlzeit, bei der man essen durfte wie ein Drescher.

Der im Waldgebirge verbreitete uralte heidnische Brauch des Wasservogel-Singens an Pfingsten sollte Fruchtbarkeit über Haus und Felder bringen. Diese seltsame Vogel-Schar zieht von Haus zu Haus und singt oder leiert althergebrachte Verse und mitunter extra auf die Hausbewohner gemünzte Strophen. Dann werden die schon passend angezogenen Sänger mit Wasser überschüttet und erhalten anschließend irgendwelche Gaben oder Geld. Leider artet der alte Heische-Brauch mancherorts in recht unkultiviertes Wasserspritzen und Betteln aus.

Der Vorabend des Martinstages am 10. November galt als endgültiger Schluss des Weidebetriebes in Bergen, Wäldern und Tälern Daran erinnert an diesem Tag oder um diese Zeit im Spätherbst das in einigen Gegenden des Unteren Waldes noch übliche Wolfsaustreiben. Von wo auch immer das Weidevieh heim in die Ställe getrieben wurde und egal, ob es sich m Rinder, Schafe oder Ziegen handelte, es musste auf jeden Fall vor Raubüberfällen durch die Wölfe geschützt werden. Und wie könnte das besser geschehen als mit ohrenbetäubendem Lärm mit Schellen, Kuhglocken und knallenden Ochsenpeitschen.

Mit fast allen Bräuchen haben sich wiederum auch regionale wie überregionale Traditionen auf dem Küchenzettel gemischt. Welche Anpassung an wen zuerst da war, kann kaum noch festgestellt werden ausser die eben geschilderte an die Natur. Vielfach hat aber auch der Ablauf des Kirchenjahres recht gut dazu gepasst. Die Fastenzeit jedenfalls lag passend im späten Winter, wenn die Vorräte ohnehin zu Ende gingen und die Feldarbeit noch nicht anfing. Osterlamm und -kitz kamen an diesem hohen Festtag auf die Speisekarte, weil die meisten dieser Jungtiere im Frühjahr kurz vor Ostern zur Welt kamen.

Auch das umfangreiche Brauchtum, das sich um die Ostereier rankt vom Eierfärben bis zum Eierpecken, Eierscheiben und den üblichen Eierspenden der Paten an Täuflinge oder Firmlinge hat seine Ursache schlicht darin, dass im Frühjahr die Hühner wieder legen. Der erst in der Nachkriegszeit von der katholischen Landjungend gegründete Regener Osterritt erinnert ein wenig an den Kötztinger Pfingstritt. Er ist aber auch eine gute Gelegenheit, erstmals nach dem Winter die noch vorhandenen Pferde aus dem Stall zu holen und frisch gestriegelt und geschmückt zur Freude von Osterurlaubern und einheimischen Pferdefreunden bei einer österlichen Pferdesegnung vorzuführen.

Um den 1. Mai ranken sich viele Bräuche, aber auch weltanschauliche Rangeleien um das Grundmotiv des Festes. Ursprünglich geht es weit zurück in heidnische Zeiten, in denen schon der der Naturgöttin Maja geopfert und der geschmückte Maibaum als Symbol der Fruchtbarkeit umtanzt wurde. Ausserdem war die Nacht zum 1. Mai eine Walpurgisnacht. Als nächstes bestimmten sich die sozialistischen Gewerkschafts-Funktionäre 1889 auf einem Arbeiter-Kongress in Paris den 1. Mai als Tag der Arbeit zur Feier und Förderung des Klassenkampfes und setzten ihn von Land zu Land allmählich als gesetzlichen Feiertag durch.

In den Fünfzigerjahren unternahm die Katholische Kirche einen Gegenschlag, der zum Flop wurde: Sie erklärte den 1. Mai zum Fest Heiliger Josef, der Arbeiter. Dieser Versuch wurde weder von Sozialisten noch von katholischen Arbeitern ernst genommen. Umso mehr Anklang, weil auch die barocke Sinnenfreude ansprechend, fanden die der Marienverehrung dienenden Maiandachten als katholischer Brauch auch im Bayerischen Wald. Maiglöckchen, Flieder und Jasmin tun in Verbindung mit Weihrauch, gefühlvollen Liedern zur Maienkönigin an lauen Maiabenden schon das ihre, um bei der heranreifenden Jugend vielleicht nicht gleich die Fruchtbarkeit zu fördern, aber doch beim Heimgehen manch schönen Gedanken daran.

Die Eheleute Höltl haben das Museumsdorf Bayerischer Wald am Dreiburgensee (Tittling) geschaffen und damit viele alte Häuser und andere Zeugnisse der Vergangenheit vor dem endgültigen Verlust gerettet (links) Schwarzgeräucherter Schinken „Gselchts" ist eine Spezialität des Bayerischen Waldes und ein Stück Käse gehört dazu (oben)

The „Museum Village Bavarian Forest" in the Dreiburgensee (Tittling) Ham, known as „Gselchts", is a speciality of the Bavarian Forest (top right)

Was aber zumindest auf dem Land geblieben ist, das ist der alte heidnische Maibaum und das Brauchtum, das sich um ihn rankt. Ein hoher geschälter Fichtenstamm, mit mehr oder weniger kunstvollen Zunftzeichen, Girlanden oder Fähnchen geschmückt, wird vielerorts im Bayerischen Wald am 1. Mai aufgestellt. Aber zunehmend wird das wieder, wie es der Brauch war, mit der Hand und mit Stangen im Hauruck-Verfahren gemacht, nachdem sich die einfachere Ruckzuck-Methode mit dem Kran bald als technologisch fortschrittlich, aber höchst unromantisch und geradezu stimmungstötend erwiesen hat.

Dazu gehört das Maibaumstehlen und Auslösen mit Bier und Brotzeit, mancherorts das Maibaum-Kraxeln der Burschen und in jedem Fall das Anspielen und Umtanzen des Maibaums mit Blasmusik und Volkstänzen in Tracht. Im Winter muss in vielen Städten der Maibaum dann im Zentrum einem Christbaum weichen, was aber eine sinnvolle Ablösung ist, denn beide sind heidnischen Ursprungs.

Bei den kirchlichen Festen im Frühsommer dagegen, wie Christi Himmelfahrt, Pfingsten, Fronleichnam oder Peter und Paul traf es sich gut für die Bauern, dass die überzähligen Gockerl oder Gickerl nicht nur vom Gewicht her schlachtreif wurden, sondern auch geschlechtsreif und deshalb sowieso aus dem Verkehr im Hühnerhof gezogen werden mussten. Gänse und Enten brauchen länger, haben aber an sich auch weder mit Kirchweih noch mit dem Martins- oder Weihnachtsfest etwas zu tun.

Aber um Kirchweih sind halt die ersten Gänse schlachtreif gemästet, an Weihnachten die letzten schon sehr schwer und überfällig. Dass es dazwischen vom heiligen Bischof Martin eine Legende gab, wie ihn die Gänse in seinem Versteck verraten haben, das passte für die katholischen Bauern in ganz Europa wunderbar zur Erfindung einer Martinigans, die bis 11. November ein ideales Gewicht hat und noch nicht zu fett ist.

Aber selbstverständlich konnte man bei den früher sehr armen Leuten im Bayerischen Wald mit manchen Festen und Bräuchen in reicheren Regionen wie dem Rottal oder dem Gäuboden kulinarisch nicht mithalten. Das tut der Barockmentalität aber durchaus keinen Abbruch. Gut leben heißt für Altbayern nicht Luxus mit Kaviar und Champaner oder in Gourmet-Tempeln schlemmen. Gut leben auf bayerisch-barocke Art setzt zwar auch Gemülichkeit, Qualität und Genuss voraus, aber nicht immer nur vom Feinsten.

Das beweist beispielsweise das erst 1874 gegründete und inzwischen schon berühmte Pichelsteiner-Fest in Regen am Sonntag nach Jakobi. Der Überlieferung nach wurde eine Bäuerin gezwungen, den Oberst Trenck und seine Panduren zu verköstigen. Ein in der Not eilig zusammengekochter Kesseleintopf aus Fleischresten, Kraut und Rüben soll den reitenden Banditen so gut geschmeckt haben, dass sie damals der Bauernhof verschont haben und das Rezept ungefähr erhalten blieb.

Auch bescheidene Schmankerln der Region und der jeweiligen Saison können ein Genuss sein. Das heißt: Gut und einfach leben, bedeutet in Bayern zugleich

einfach gut leben. Leider galt im Bayerischen Wald bis vor etwa einem Jahrzehnt die Irrlehre, dass die fremden Gäste im Urlaub unbedingt das essen wollen, was sie von der Bahnhofsgaststätte zuhause kennen. Das war auch in den Fünfzigerjahren noch so, als selbst in Italien Wurstel con Krauti und echt deutsch Kasseler angeboten wurde. Doch die Zeiten sind lange vorbei. Aber bei vielen Volksfesten reduziert sich die Verpflegung auf Hendl, Schweinshaxen und Schweinswürstl mit Kraut, dick paniertem Fisch aus der Fritteuse und Emmentaler Käse. Vieles davon wird noch primitiv zubereitet oder versalzen, so dass leider viele Urlauber mit der Überzeugung heimfahren, dies sei eben die typisch bayerische Küche.

Erst nach und nach wurden auch in einem Teil der Gastronomie des Bayerischen Waldes die Weichen von bloßer Quantität auf mehr Qualität umgestellt, was freilich bei Urlaubern wie Einheimischen nicht immer toll ankommt, die nur auf große Portionen achten etwa nach dem bekannten bayerischen Motto: A Anten is a saudummer Vogel - für oan is' z'vui und für zwoa is's z'wenig! Vielfrasse wenden den Spruch nicht nur auf eine Ente, sondern sogar auf eine Mastgans an. Im dem schönen alten nach dem Bayerwald-Propheten Mühlhiasl benannten Wirtshaus im Bauernhaus-Museum Tittling ist in einen Balken ein dazu passender Spruch von Max Peinkofer eingeschnitzt: Liaber z'vui gessen ois z'weng trunga! Aber gute Lebensmittel-Qualität und qualifizierte Kochkunst schließen sich ja keineswegs aus.

Einfache Speisen aus der Arme-Leute-Küche des Bayerischen Waldes werden jetzt nach angepassten alten Rezepten aus Omas Kochbüchern in der Gastronomie der Region wieder entdeckt, verfeinert und als Bayerwald-Spezialitäten angeboten. Das wird heute in der gehobenen Gastronomie, aber auch an manchen Ständen bei Markttreiben schon beherzigt. Aber bei vielen Dorf-, Markt- oder Stadtfesten könnte man noch mehr auf eines achten: Trotz simpler Arbeitsbedingungen lassen sich einfache regionale Schmankerl auch in guter Qualität anbieten. Dasselbe gilt für Spezialitäten, die Urlauber als essbare Souvenirs mit nach Hause nehmen können als Nachgeschmack vom Bayerischen Wald oder als Mitbringsel für Freunde und Nachbarn. Die Speisekarte einer Region ist schließlich auch eine Visitkarte.

Ein paar ehrgeizige Spitzenköche haben im letzten Jahrzehnt nach und nach dafür gesorgt, dass möglichst

Die Sonnenfinsternis des Jahres 1999 bei St. Engllmar fotografiert. Heinz Theuerjahr (1913 - 1991) schuf diese Eule, die hinüber zum Rachel blickt (links und oben) Prozessionen, Bittgänge und Umzüge sind im Bayerischen Wald oft zu sehen (unten)

Solar eclipse in 1999, seen from St. Englmar (left) Heinz Theuerjahr (1913 - 1991) created this owl looking across Waldhäuser to Mt. Rachel (top) Processions and parades can often be seen in the Bavarian Forest (right)

nur frische Produkte der Jahreszeit in einfacher natürlicher Verarbeitung in den Bayerischen Wald einen Hauch von nouvelle cuisine gebracht haben. Der Drang zur Anpassung an moderne Allerweltsküchen mit großen Gefriertruhen und fertigen Schnellsoßen ist so ein wenig gebremst worden. Daher gilt für Bayerwäldler wie alle Bayern wieder das Prinzip Küche der Region und Produkte der Jahreszeit und ohne Superlative heißt es da: Es gibt nix Bessers ois was Guats!

Es hat allerdings lange gedauert, bis sich auch im Bayerischen Wald herum gesprochen hat, dass was Guats, nämlich ganz alltägliche Schmankerl für Einheimische, für die Urlauber aus der Stadt nicht nur zumutbar, sondern eher noch ein seltener Genuss sind. Pilz-Gerichte, frische Beeren und Kräutersoßen gelten längst nicht mehr als Arme-Leute-Essen, sondern überall als teuere Delikatessen. Sie bringen eine willkommene Abwechslung in private Speisepläne und die der Gastronomie.

Einige Köche haben es auch im Bayerwald inzwischen begriffen, dass Schwammerl und andere frische Waldfrüchte, Marmeladen und Bienenhonig für die Stadtleute ebenso eine echte regionale Attraktion sind wie frische Forellen, frische Enten und Gänse oder Wild der Region. Da viele Bayerwäldler aber nicht nur der Natur vor der Haustüre, sondern auch den für sie alltäglichen Lebensmitteln aus der Region keinen hohen Wert beimessen, wird deren Vermarktung als typische Bayerwald-Produkte im Tourismus nur von wenigen Gastronomen betrieben. Die Zusammenarbeit zwischen Hoteliers, Wirten und Bauern steckt großteils erst noch in den Anfängen. Anknüpfungspunkte gibt es genug.

Das Fest des Hl. Hubertus und Eustachius am 3. November, der seit dem 10. Jahrhundert verehrten Schutzpatrone der Jäger und Förster, geht auf die Legende zurück, einem der Heiligen sei auf der Jagd ein Hirsch mit Strahlenkreuz zwischen dem Geweih erschienen sein. Was immer auch ein Mann in einem Geweih für Erscheinungen haben mag, der St.-Hubertus-Tag ist eben das Fest der Jäger, das sie mit Hubertus-Messen, Jagdliedern und Jagdhornbläsern feiern. Rund um Huberti werden heute im Bayerischen Wald wie anderswo schon viel länger von der Gastronomie herbstliche Wildwochen quasi mit dem Jagdhorn angeblasen.

In der bäuerlichen wie der bürgerlichen Küche gibt es im wildreichen Bayerwald kaum eigene gute Rezepte für Wildbret-Gerichte. Das hat seine Ursache im historischen Jagdprivileg des Adels und des Staatsforstes. Natürlich wurde immer auch gewildert, aber das wurde streng verfolgt und drakonisch als Wildfrevel bestraft. Um Wildbret zu kaufen, fehlte den Waldlern aber das Geld. Darum mussten vom einfachen Volk die Gerichte von gewilderten Hirschen, Rehen, Wildschweinen oder Feldhasen heimlich zu Ragout gekocht oder so scharf durchgebraten werden, dass das Fleisch länger haltbar wurde und bei Gefahr leichter versteckt werden konnte. Wild-Rezepte offen auszutauschen oder gar das heute oft zu hörende Lied abzusingen „Heit gibt's a Rehragout" hätte einen damals sofort verraten und ins Gefängnis gebracht.

Es fehlt im Bayerischen Wald nicht an frohen Festen und alten Bräuchen, nicht an barocken Lebensfreuden und gesunder regionaler Kost, um zusätzlich zur schönen Landschaft attraktiv für Urlaubsgäste zu sein. Woran es mancherorts noch fehlt, ist professioneller Service und die Erkenntnis, dass Touristen heute nicht so sehr auf den Preis allein achten, sondern auf das Preis-Leistungs-Verhältnis. Deshalb sind gerade die anspruchsvolleren und teueren Hotels mit modernen Welless-Einrichtungen und guter Küche weit besser im Geschäft als die Billig-Pensionen und Privatzimmer mit wenig Komfort, die ausserhalb der Sommer- und Weihnachtssaison große Probleme haben. Manche der kleinen Tourismusbetriebe können aber dann überleben, wenn sie eine familiäre Atmosphäre schaffen und sich um die Gäste persönlich kümmern.

Versteht man Tourismus nicht isoliert, sondern als Teil der Wirtschaft, des Kultur- und Sportprogramms und handelt man danach, dann nimmt es der Bayerische Wald mit allen konkurrierenden Regionen auf seine Art auf. Er hat es verdient.

A Beautiful Cultural Landscape at Bavaria's Gateway to the East

A poor area at the border develops into a Future Region

The Bavarian Forest region has a fascinating mountainous landscape. Northeast of the Danube, it borders with Austria and the vast Bohemian massif made of ancient granite. The late development and settlement in Europe's largest forested area 1200 years ago largely saved this landscape and nature from destruction. But long after World War II this region, at the border of the communist „Iron Curtain' started a late but very rapid development. Today the Bavarian Forest is modern business location and an attractive holiday region which offers a high quality of life. The thriving landscapes of the so called „Green Roof of Europe" are once again Bavaria's historical gateway to the East.

The Bavarian Forest is not just one of the many woods and state forests of Bavaria, but it is a very particular region. The name „Bavarian Forest" was only created after World War I to designate an area in Eastern Bavaria in order to distinguish it from the Bohemian Forest in Czechoslovakia. After the Iron Curtail fell in 1990, and certainly once the Czech Republic joins the European Union in 2004, the border will again be open as it was before 1918 when Bavaria was a kingdom and the Habsburg Monarchy reigned.

The main part of this region is in the administrative district of Lower-Bavaria in its districts Freyung-Grafenau and Regen and in parts of the districts of Passau, Deggendorf and Straubing. Another part is in the administrative district of Upper-Palatinate in its district Cham. North of the Cham-Further depression, the narrow valley of the Chamb river becomes the Upper Palatinate Forest which is lower in altitude, but other than that very similar.

Through the „gateway of nations" between Cham and Furth to Domaslice (Taus) and Pilsen, the first

The German Emperor and Bavarian dukes (or electoral princes) donated the unpopulated forests to the monasteries and to their own vassals and ministerial officers at the border as new land to clear and cultivate. The worldly and religious sovereigns of those days had to pave the borderline with Bohemia, as well as develop, protect and maintain new trade routes.

The historical memories and the social hardship, poverty and isolation in former times are still a part of the image of the Bavarian Forest today. But time has not stood still. Increasingly, technical progress, mobility, prosperity and modern conveniences have created a new way of looking at the Bavarian Forest. It now has all the advantages and disadvantages of the border opening up and being returned into the centre of Europe.

prehistoric contacts were made between groups of Celts, Bavarians and Slavs. Later on there was thriving trade between Bavaria and Bohemia. On the other hand, the valley at the border went through a long history of robberies and passing through armies leaving a trail of destruction.

The border with the Czech Republic is made up of a long forested mountain range with the mountains Osser, Small Arber, Large Arber, Falkenstein, Rachel and Lusen, all between 1200 and 1500 m altitude. On both sides of the border, lying back to back, are national parks - the Bavarian Forest and the Sumava. The high ridge to the southeast, with its highest peaks Dreisessel and Ploeckenstein in the so called „Three Country Corner", makes up the border to Austria. On each side of the mountains the climate changes. The climate is varied - from cold humid mountains to the warmer, fertile and therefore more densely populated valleys of the Danube on the German side and the Moldau on the Czech side.

Long before the old „Northern Forest" was develped, as early as the Roman era, Celts had created paths and trails over the mountains and even created some scattered settlements. On the Bavarian side real settlement started in the year 740 from the Danube, first from the diocese of Regensburg, then from the diocese Passau and from the old monasteries of Niederaltaich, Metten (near Deggendorf) and Pfaffmuenster (near Straubing), as well from the Lower Bavarian Earls of Bogen and lesser nobility.

A theme running through this region is the forest itself. It ranges from the remnants of the ancient natural forest, valley-forests along rivers and streams, to well maintained private or state managed forests. Since 1970, 24250 ha of forest in the National Park has been made available only for tourism.

Since the last ice age the forest has dominated the climate and landscape. It can be seen on the rocks of granite, gneiss and quartz of these central European mountains. Sometimes it appears dense, dark, secretive and scary, perhaps even frightening. At other times it looks protective, relaxing, nutritious, constructive and comforting. It has also left a lasting impression on the people born into this landscape, the Bayerwaldler.

Besides the forest, water has had an important influence on this region: the many running waters from wells, wild streams, small rivers, clear mountain lakes, artificial reservoirs and man-made rafting-channels which served to transport wood over the water. Along the many running waters the Bavarian Forest consists of a lovely landscape filled with colourful bushes and shrubs.

The water runs from the forested hills through the valleys of the rivers Regen, Ilz and Erlau south, south-east and south-west into the Danube and ultimately into the Black Sea. Only east of the European water divide near Philippsreut, the water runs east and north into the Moldau continuing into the Elbe and North Sea. At various altitudes the Bavarian Forest has many different climatic zones. In the space of a few kilometres one can experience different weather and seasons. Overall the climate is considered to be intense and emotional.The elemental force of the forest, its myth, good and bad fairies, gnomes and ghosts are deeply rooted in the sentiments of the local inhabitants. Over many generations they have lived in the forest, but also from the forest. Anyone spending longer periods walking through the Bavarian Forest in different seasons and weather conditions is likely to develop sentimental feelings and a true love for nature.

The attraction of the Bavarian Forest as a homeland for its inhabitants and as a beautiful holiday region for tourists lies not only in the dark forest, but also in the varied landscape of gently rolling hills and medium altitude mountains with cool forests, green meadows with bushy streams, in between cultivated fields circling towns and small cities. Moving south and west from the border mountains into the foothills, the landscape becomes even lovelier. It is more densely populated and has a more differentiated structure. In the foothills the climate is milder and has always allowed farmers to grow cash crops, whereas at higher altitudes farming was barely self-sufficient and limited to dairy farming and forage crops growing.

The economic disadvantage of having a long border and the late development compared to central Bavaria also brought certain advantages. The Bavarian Forest is less populated, there are fewer settlements, land and building costs are lower and the landscape is much less urbanised than any other area in Bavaria. The relatively recent change from the old days to modern times also characterises the political and economic development of the region.

For most Germans, when they think of the Bavarian Forest, the following comes to mind: border with Czech Bohemian Forest, Arber ski resort, cross-country skiing trails, nature park, National Park with bison, wolves, lynxes and dear, wooden houses, woodcutters, old saw mills, glass works, glass industry and glass art, granite

Blick auf den Osser (1293.m) (Seite 150)
View to Mt. Osser (1.293 m) (page150)

Die Karolikapelle in Waldkirchen (links)
The Karoli- Chapel in Waldkirchen (left)

Die Kerze wird auf dem Bogenberg getragen (oben)

The erected pole is carried upwards to Bogenberg (top)

industry and stone sculptors, charcoal burners, small scale farming, cow pastures, old crafts, religious and farming traditions, high unemployment, poverty, romantic nature and beautiful landscape, hard working but backward population, modest, static and pious people, a little more quiet and modest than anywhere else in Germany - and more.

Anyone who can think of these things, knows a great deal, but is not up to date. Most of these comments are historically correct, but the overall image is dominated by outdated cliches, which were nevertheless quite recent, such as: the Iron Curtain, disaster area and underdeveloped border region. Today many innovative, international high-tech businesses, modern hotels and comfortable guesthouses offering good food and friendly service are fighting to change this old image.

In the Bavarian Forest company bosses praise their well educated workforce, who are not only hard-working but also very creative, flexible, highly motivated and committed. Qualified workers are one of the location advantages of this region. Other advantages are the proximity to Eastern Europe and to economic and traffic centres along the Danube, a good education and health system, low land prices and a high quality of life. Since the border has opened the traffic situation in the Bavarian Forest is not yet satisfactory. But it has improved greatly. The proximity to motorway and railway networks and the Danube waterway, which has great economic importance for development in Eastern Europe, are benefits of this location.

The last decades have also seen the creation of many new facilities for leisure, wellness, sport (swimming pools, tennis and golf, skiing, cross-country skiing), cultural events, fashion and other businesses. There are many good hotels and restaurants in the Bavarian Forest.

The region has caught up in many senses. However, on the other hand, it has also encountered new problems. For example, the higher subsidies for the EU-newcomer, the Czech Republic, with its lower labour cost and lower taxes will attract companies to set up across the border. Unless temporary aid is given to the border region, 50 years of development work may well be destroyed in a very short period of time.

It is essential that the Bayerwaldler people and their politicians look towards „modern times". This requires

Obernzell an der Donau (links) und Niederaltaich (unten) Das Gipfelkreuz des Kreuzfelsens (999m) (rechte Seite) Obernzell at the Danube and Niederaltaich (left top and bellow) The cross on the summit of Mt. Kreuzfelsen (999m) (top opposite page)

Because of this change the bigger cities and their workforce in Lower Bavaria, Upper Palatinate and Bohemia, which were known as the green „Backlands", will now become the „Frontlands". It will be like centuries ago when trading in salt, seeds, spices, glass and other goods was thriving on the „golden path" over the forested mountains between Bavaria and Bohemia. The historical „Säumerei", the cross-border trade, which is only celebrated in few locations with traditional festivities, can once again flourish.

Tourism is essential for the economic development of the region. However, although industry is very important for the region, it must be additional to tourism and not instead of tourism. Therefore, industry has to be compatible with tourism, which means there must be no pollution of the environment. In the field of environmental protection much progress has been made. Had it only been to protect nature, and not to boost tourism, progress may have taken much longer.

The age old fear which people on both sides of the borders have had of war, robbery, murder and pillage has happily now disappeared and is only a theme in historical plays and parades, of which there is an abundance in the Bavarian forest. Because the settlement of the forest was

new thinking. The old resources like granite, graphite, wood and glass are no longer the most important economic resources. Innovation, creativity and new processing techniques are the most important capital for the future and will to a large extent determine the economic success of the region.

For entrepreneurs and employees the high-tech age with its computers, electronics, and the Internet opens up opportunities previously unknown in the Bavarian Forest.

An indirect advantage of the late economic development is that nature in the Bavarian Forest is less disturbed and the rural cultural landscape is better maintained than it is in other areas. These resources have only been acknowledged recently, but are now the main tourist attraction in the Bavarian Forest. The first German National Park was founded in 1970 in the district of Freyung-Grafenau and was extended in 1997 to the north into the district of Regen. A large part of the Ilz Valley was declared a nature conservation area in 1999. In the upper and lower Bavarian Forest another two areas are designated to become conservation areas. This will require people to change their attitude towards nature. For a thousand years they have used the resources of the forest for forestry, glass making, agriculture, as well as collecting berries and mushrooms.

Suddenly the creation of the National Park requires a different attitude. Nature has to be protected. It must not be used for economic gain and should not be subjected to human interference. Environmental education and research must be given priority. Organised outdoor activities should be encouraged and the rural cultural landscape has to be maintained.

In short, one has to understand nature today and must accept its worth without using its materials. The modern and cleaner industries are more compatible with nature, compared with the older industries. Several modern industries show that in the era of computers, the Internet and e-mail the distance to the West is of less importance and the proximity to the East is increasingly of more importance.

The area that used to be isolated by the Iron Curtain has now become Germany's gateway to and from Eastern Europe. The unique landscapes on each side of the border have merged into one centralised holiday region.

initiated by the diocese of Passau and by monks of the Bavarian Benedictine monasteries and was supervised by them throughout the centuries, many annual traditions and festivals are based on a mixture of superstition and belief, and on heathen, Christian and farming traditions. Despite the poor conditions and the modest demands of the population, the positive approach to life from the Baroque era, with its joy of life, and the Bavarian desire to celebrate festivals and pilgrimages dominates the Bavarian Forest.

In reality the Bavarian Forest not only offers beautiful countryside. It also has much to offer in terms of art and culture. This can be seen by looking at the old churches and castles, as well as the historical museums and traditional farm theatres. Exhibits of contemporary art can be seen in countless galleries. A great deal of music, amateur theatre, painting, fine art and glass art is produced locally. The expansion of further education institutions over the last decades and the improved traffic connections to universities and colleges along the Danube has established a breeding ground for the development of its own potential and cultural creativity.

In addition, the Bavarian Forest offers many guest performances by artists from outside the region. Also important cultural events like the „European Weeks" in Passau and other festivals or open-air plays in Landshut, Straubing, Waldkirchen, Furth im Wald, Kötzting and other towns are all within easy reach from anywhere in the Bavarian Forest.

The Bavarian Forest is an area dominated by forest and river landscape. It has four equally beautiful seasons which ensure relaxation, leisure and sport at any time - for example, hiking, biking, mountain climbing, skiing and cross-country skiing, boating, wellness, swimming, tennis. There are also new attractively landscaped golf courses. Lower Bavaria's triangle of spa towns with modern thermal baths is only a good hour drive away.

All in all „new times" have arrived in the Bavarian Forest. It is a beautiful holiday area and an attractive business region with a „close-to-nature" feel and with lots to offer in terms of culture. It is rich in traditions and it offers many interesting festivals throughout the year. It is well worth visiting the Bavarian Forest!

Wie kommt denn der dazu?

Nachwort des Autors über den Autor

Wenn ich als 1937 geborener Münchner und Oberbayer heute irgendwo in Deutschland verkündet: Ja, i bin vom Woid dahoam, da Woid is schee -, so ernte ich seltsamerweise nie so viel Beifall wie der amerikanische Präsident John F. Kennedy mit dem Satz: „Isch bin ain Bärlina! Und von manchen Provinz-Neidhammeln hört man nur den Einwurf „Was wui denn der da, des is doch a Oberbayer!"

Trotzdem habe ich als alter Münchner in Hinterschmiding jetzt den Text für diesen Bildband „Der Bayerische Wald" geschrieben - 30 Jahre nach dem Roman Feichtenreut - über den sozialen Umbruch in einem Bayerwalddorf. Vor rund 20 Jahren habe ich im Morsak und Süddeutschen Verlag drei andere Bildbände veröffentlicht: einen über den Nationalpark, einen mit dem Titel Lebensraum Fluss über die Ilz und einen - Aus Hoiz und aus Stoa - gemeinsam mit meinem Freund, dem Architekten Koni Gruber, über landschaftsgebundenes Bauen. Im Jahr 2000 erschien noch im Rosenheimer Verlag mein zweiter Roman Bethlehem in Oberkreuth über ein fiktives Weihnachts-Theater im Bayerischen Wald.

Auch mit dem Nationalpark Bayerischer Wald habe ich mich seit 1970 als Journalist intensiv beschäftigt: als Herausgeber der Zeitschrift Nationalpark im Morsak Verlag und dann wieder als Starthelfer der PNP-Beilage „Unser Wilder Wald". Da ging es darum, das stark gestörte Verhältnis zwischen Einheimischen und Nationalpark-Verwaltung wieder versachlichen zu helfen.

Nicht, dass ich mich rechtfertigen müsste, aber ich bin nun wirklich seit langer Zeit im Woid dahoam, habe ihn kennen und schätzen gelernt, auch manches offen kritisiert, und sogar hier eingeheiratet. Meine enge Beziehung zum Bayerischen Wald begann im II. Weltkrieg, als ich die meiste Zeit als Münchner Stadtknabe bei meiner Großmutter in Haselbach bei Passau evakuiert war.

Ein typisches ebenerdiges Waidla-Häuserl aus Hoiz und Stoa mit großer Wiese an einem Bach, mit einer Kuh, einer Katze, rund einem Dutzend Hühnern, ein paar Enten und Hasen. Der Zugbrunnen fürs Wasser war vor dem Haus - ebenso wie Misthaufen, Pumps--Häusl und Odelgrube. In Omas Häusl hatten wir noch Holzofen, Strohsack-Betten und Karbid-Lampen alles ohne Strom und fließendes Wasser. Gebadet wurde einmal in der Woche in einem Zuber in der Stube oder wenn es etwa nach erfolgreicher Wurmsuche im Misthaufen (fürs Angeln im Bach) oder nach dem Mitfahren auf dem Odelfass dringend notwendig war.

Das sind zwar Erinnerungen an eine herrlich unbeschwerte Kindheit in naturnaher Armut am unteren Rande der Zivilisation und an zwei Schuljahre in der Zwergschule barfuss, in Holzschuhen und im Winter mit langen von der Oma gestrickten Schafwoll-Strümpfen unter Waldler-Kindern. Diese alte Bayerwald-Romantik kenne ich also, aber so leben wie damals möchte ich, ehrlich gesagt, nicht mehr- Darum verüble ich es auch den Menschen im Bayerischen Wald nicht, dass sie nicht lebendes Inventar von Museums-Dörfern sein wollen, sondern unromantisch ihre Wohnhäuser modernisiert haben.

Die Wiederaufnahme engerer Beziehungen zum schönen, armen und romantischen Kinderland bei meiner Großmutter erfolgte - abgesehen von gelegentlichen Besuchen oder Ferien in Jugend-Zeltlagern erst wieder zu Beginn der Siebzigerjahre. Als junger Journalist habe ich mit der Recherche und beim Schreiben meines ersten Romans Feichtenreut, der 1976 verfilmt wurde, drei Jahre lang jeden Urlaub, viele Wochenenden und Reportagenreisen zur Erforschung der Region um den Dreisessel genutzt. Danach kam ich wie viele vom Wald nicht mehr los. Im Jahr 1983 habe ich ein Waldlerhaus in Sonndorf gekauft und es mit viel Liebe und Kostenaufwand umgebaut, was 1989 vom Bayerischen Waldverein mit dem Ehrenpreis für landschaftsgebundenes Bauen gewürdigt wurde. Auch die Texte für die Salvatorprobe auf dem Nockherberg habe ich im Bayerwald geschrieben. Nach dem Tod meiner ersten Frau heiratete ich eine Bayerwäldlerin und machte das Ferienhaus in der Gemeinde Hinterschmiding zu meinem Hauptwohnsitz.

Die Stadt Freyung verlieh mir wegen vieler Werbeeinsätze 1994 die Bürgermedaille in Gold, der Landkreis ernannte mich 2003 -quasi nachträglich für 33 Jahre Werbung - zum Botschafter Niederbayerns. Alle diese Ehrungen sind nicht mit Geld oder Freibier verbunden. Aber für einen Münchner, der im Bayerischen Wald sowieso als seltener Exote gilt, freut man sich über solche Zeichen von Akzeptanz und Anerkennung.

Das war in Kürze mein langer Werdegang vom evakuierten Münchner Kindl zum bekennenden Waldler. Ich möchte auch nicht verhehlen, dass ich mehrere Meter an Büchern und Broschüren, darunter einige nostalgische Bildbände über den Bayerischen Wald angesammelt habe. Daraus habe ich viel erfahren, was mir half, einiges in dieser Region besser zu verstehen. Dafür danke ich allen früheren wie heute noch lebenden Heimatforschern und Autoren recht herzlich, darunter einigen Freunden und Kollegen. Natürlich habe ich nicht einfach von ihnen abgeschrieben. Aber so wie wir von einem gelernten Münchner sprechen, könnte ich mich heute als gelernten Bayerwäldler betrachten und mit diesem Bildband - wie so oft - als Dolmetscher für Auswärtige.

Hannes Burger

Sonndorf 2003

Register

Bücher aus und über den Bayerischen Wald

Bernhard Grueber/
Adalbert Müller — Der bayrische Wald Reprint der Ausgabe 1846
das erste und bis heute wichtige Werk über den Bayeschen Wald

Gerhard Hay — Bayerischer Wald erlebt von Dichtern
Eine Sammlung von Literatur aus und über den Bayerschen Wald

Karel Klostermann — Aus der Welt der Waldeinsamkeiten
Ein bedeutender, packender Roman über das Leben am Lusen

Emerenz Meier — Gesammelte Werke in 2 Bänden
E.M. ist eine bedeutende, immer noch weitgehend unbekannte Dichterin, deren Werke durch Sprache und Reichtum der Empfindung beeindrucken

Siegfried von Vegesack — Das fressende Haus
Ein bewegender Romans über das Leben im Turm der Ruine Weißenstein

Johannes Linke — Ein Jahr rollt übers Gebirg
Der klassische Roman über das Leben in einem Dorf des Bayerischen Waldes

Josef Schlicht — Bayerisch Land und Bayerisch Volk
Neuausgabe des oft zitierten, erstmals 1875 erschienen Werkes

Reinhard Haller — „Geschundenes Glas“
Brauchtümliches Glasmachen - Volkstümliche Gläser

Christiane Sellner — Gläserner Jugendstil aus Bayern
Die Poschinger- und Steigerwaldhütten 1890 - 1914

Frauenhandwerk und Volkskunst
Reprint der Ausgabe 1917

Sabine Becker — Der Böhmerwald - Sumava

Josef Blau — Böhmerwälder Hausindustrie und Volkskunst - Band I
Wald- und Holzarbeit reprint der Ausgabe 1917

Josef Blau — Böhmerwälder Hausindustrie und Volkskunst - Band II

Josef Blau — Die Glasmacher im Böhmer- und Bayerwald
in Volkskunde und Kulturgeschichte
Reprint der Ausgabe 1954

Josef Blau — Die Glasmacher im Böhmer- und Bayerwald
Familienkunde -
Reprint der Ausgabe 1956

Klemens Unger — Bayerischer Wald -Bildband
Deutsche, Englische und Italienische Ausgaben

Zu beziehen über den Buchhandel oder direkt beim Verlag

morsak Verlag
Wittelsbacherstr. 2-8
D-94481 Grafenau
Telefon 08552/4200
www.morsak.de

Nabburg
Murach
Oberviechtach
Winklarn
Tiefenbach
Liskowá (Haselbach)
Klenčí (Klentsch)
Domažlice (Taus)
Kdyně (Neugedein)
Altendorf
Zangenstein
Oberpfälzer
Wald
Silbersee
Treffelstein
Perlsee
Waldmünchen
Česká Kubice (Böhmisch Kubitzen)
Všeruby (Neumark)
Schwarzenfeld
Fuhrn
Schwarzach
Talsperre Eixendorf
Rötz
Schönthal
Furth i. Wald
Eschlkam
Svatá Kateřina (St. Katharina)
Nýrsko (Neuern)
Úhlava (Angel)
Schwandorf
Wackersdorf
Pfahl
Neunburg
Neukirchen-Balbini
Grafenkirchen
Gleißenberg
Neukirchen b. Hl. Blut
vodní nádrž Nýrsko (Stausee von Neuern)
Naab
Bodenwöhr
Stamsried
Arnschwang
Hoher Bogen 1079
Steinberg
Further Senke
Cham
Rimbach
Haibühl
Engelshütt
Großer Osser 1293
Hojsova Stráž (Eisenstraß)
Teublitz
Bruck
Weißer Regen
Hohenwarth
Lam
Nittenau
Walderbach
Roding
Chamerau
Kötzting
Gr. Riedelstein 1132
Eck
Kaitersberg
Schwarzer See
Teufelssee
Maxhütte-Haidhof
Regen
Loifling
Miltach
Lohberg
Unterzell
Schorndorf
Traitsching
Blaibacher See
Schwarzeck 1238
Kl. Arbersee
Großer Arber 1456
Michelsneukirchen
Arnbruck
Enzian 1285
Höllenstein-stausee
Gr. Arbersee
Bayerisch Eisenstein
Regenstauf
Schillertswiesen
Falkenstein
Prackenbach
Drachselsried
Zeitlarn
Altenthann
Wenzenbach
Bayerischer
Konzell
Rattenberg
Viechtach
Bodenmais
Böhmerwald
Böbrach
REGENSBURG
Sulzbach
Frauenzell
Stallwang
Kollnbuch
Pröller 1048
Teisnach
Schwarzer Regen
Rabenstein
Barbing
Donaustauf
Wiesent
Wörth
Wiesenfelden
Herrnfehlburg
Patersdorf
Langdorf
DONAU
Ascha
Sankt Englmar
Hirschenstein 1095
Regen
Neutraubling
Mitterfels
Neukirchen
Achslach
Ruhmannsfelden
Weißenstein
Obertraubling
Geisling
Pfatter
Windberg
Grandsberg
Habischried
Köfering
Kirchroth
Parkstetten
Bogenberg 432
Schwarzach
Bernried
Breitenauer Riegel 1114
Bischofsmais
Bad Abbach
Alteglofsheim
Moosham
Schönach
Oberalteich
Bogen
Niederwinkling
Egg
Grafling
Kirchberg
Dünzling
Aufhausen
Sünching
Straubing
Offenberg
Dreitannenriegel 1092
Lalling
Metten
Große Laaber
Irlbach
Mariaposching
Schierling
Inkofen
Perkam
Geiselhöring
Aiterhofen
Deggendorf
Sonnenwald
Langquaid
Kleine Laaber
Hainsbach
Straßkirchen
Natternberg
Hengersberg
Schöllnach
Malllersdorf
Laberweinting
Aiterach
Leiblfing
Oberschneiding
Plattling
Niederalteich
DONAU
Iggensbach
Gäubodenn
Oberronning
DEUTSCHLAND
Hailing
Wallersdorf
Winzer
Neufarn
Bayerbach
Süßkofen
Mengkofen
Pilsting
Ganacker
Oberpöring
Rottenburg
Großköllnbach
Isar
Wallerfing
Altenmarkt
Osterhofen
Hofkirchen
Ergoldsbach
Moosthenning
Landau
Postau
Eichendorf
Göttersdorf
Vilshofen
Hohenthann
Mamming
Vils
Essenbach
Wörth
Dingolfing
Haunersdorf
Roßbach
Aldersbach
Arth
Niederviehbach
Reisbach
Mariakirchen
Niederaichbach
Simbach
Kollbach
Aidenbach
Ergolding
Arnstorf
Johanniskirchen
Gündlkofen
Adlkofen
Wendelskirchen
Frontenhausen
Egglham
Haarbach
Isar
Landshut
Dieterskirchen
Gerzen
Niedertrennbach
Haberskirchen
Unterzeitlarn
Rottal
Schönau
Rimbach
Vilsbiburg
Reicheneibach
Falkenberg
Pfarrkirchen
Bad Birnbach
Gangkofen
Triftern
Asbach
Aich
Eggenfelden
Herbertsfelden
Wiesing
Vils
Bodenkirchen
Massing
Rott
Kößlarn
Neumarkt St. Veit
Wurmannsquick
Walburgskirchen
Geratskirchen
Wittibreut
N
W
O
S
0
25 km
93
22
85
16
20
3
15
11
92
299
388
533